Ernst Décsey: Die Spieldose.
Musiker-Anekdoten über Wagner, Strauß,
Schubert, Schumann, Haydn u. v. a.

SEVERUS Verlag

Décsey, Ernst: Die Spieldose. Musiker-Anekdoten über Wagner, Strauß, Schubert, Schumann, Haydn u. v. a. 2013
Neuauflage der Ausgabe von 1922
ISBN: 978-3-86347-642-7

Umschlaggestaltung: SEVERUS Verlag

Bibliografische Information der Deutschen Nationalbibliothek: Die Deutsche Nationalbibliothek verzeichnet diese Publikation in der Deutschen Nationalbibliografie; detaillierte bibliografische Daten sind im Internet über https://dnb.de abrufbar.

Der SEVERUS Verlag ist ein Imprint der Bedey & Thoms Media GmbH, Hermannstal 119k, 22119 Hamburg

SEVERUS Verlag, 2013
http://www.severus-verlag.de
Gedruckt in Deutschland
Der SEVERUS Verlag übernimmt keine juristische Verantwortung oder irgendeine Haftung für evtl. fehlerhafte Angaben und deren Folgen.

Ernst Décsey

Die Spieldose
Musiker-Anekdoten über Wagner, Strauß, Schubert, Schumann, Haydn u. v. a

MIX
Papier aus verantwortungsvollen Quellen
Paper from responsible sources
FSC® C105338

Inhalt

Einstimmung 7

Dosenstück von der Jugend 11

Dosenstück vom schöpferischen Geist 27

Dosenstück von Spiel und Spielleuten 57

Zwischenspiel von Künstler und Welt 71

Dosenstück von den Hörern 85

Intermezzo des fernen Ostens 103

Fugato von Musikern über Musiker 107

Dosenstück von der Freundschaft 121

Scherzo vom Musikerwitz 149

Einstimmung

In dieser Dose sind die Stimmen von Künstlern. Kleine Musikersagen; Biographien, ein paar Zeilen lang. Musik in Geschichten.

Die Quelle war beschränkt: meine Bibliothek. Aber ich machte die Erfahrung, daß jede Bibliothek größer ist, als sie aussieht. Daß man seine Bücher erst liest, wenn man muß; und dann staunt, wie viel sie enthalten.

Es gibt unauslesbare Bücher. Kersts Beethoven-Erinnerungen. Oder Wagners Leben, von ihm selbst erzählt, erster Band. Wer liest sie? Die Künstler und ihre Zeit: zwei Welten, heterophon einander durchdringend. Wer liest das dreimal, siebenmal? Täglich?

Sie allein gaben Stoff für zwei „Dosen"; jedoch...

Im Stoff ruht seine Begrenzung; im Thema schon die Form. Beethoven wußte Musik für dreihundert Variationen; er schrieb bloß dreiunddreißig.

Ob alle Geschichten wahr sind?

Sie sollten lieber fragen, ob sie wohl alle unwahr sind...

Erzählt man eine Geschichte, genau wie sie war, so ist sie niemals gut; aber lügen soll sie nicht. Der Kern muß echt sein. Wann G' mi gach fragen, so stimmt's; nach zehn Minuten is's a Luig", pflegte der alte Stelzhamer zu sagen. So haben phantasievolle Geschlechter die Musikgeschichte bedichtet; in den zehn Weltminuten, seit sie existiert. Die Anekdote ist ein Kind der Liebe. Wird von der ehrbaren Familie auch herumgestoßen, sitzt am letzten Platz der wissenschaftlichen Tafel. Darf nur im Notfall reden. Und wüßte doch die besten Sachen.

Flüchtig in Daten, unverläßlich, schuldig des Anachronismus, läßt sie die anderen schnattern. Ein genialer Blitz entfährt ihrem Mund und – hell wird, was den gelehrten Tanten dunkel war.

Sie macht die Ungenauigkeit zum Wert und ihre Tugend heißt die Plastik. Unsinn wird Vernunft; Plage Wohltat. Man kommt darauf, die Anekdote preßt Leben und Schicksale in eine dramatische Gebärde zusammen; sie ist selbst kleinstes Drama: Spiel und Gegenspiel in einer Sekunde zur Katharsis treibend. Schließlich wächst der Respekt. Entblättert man die üppigsten Pfingstrosen der Weltliteratur – was sitzt im Kern? Die Anekdote. Gute Dramen, gute Opern müssen sich in drei Sätzen oder zwei erzählen lassen. Versuchen Sie's mit „Lear", mit „Carmen". Und jeder freut sich, wenn's in seinem Leben bunte, kleine Sonnen gibt; seine Sache nicht reizlos, garstig, schädlich ausgeht, sondern hübsch, mit einem Schnörkel, woran sich eine Geschichte knüpfen läßt: „Hat er gesagt – Hab' ich gesagt!"

Genies, Naturen, „Kerle" sind Ströme mit vielen Wirbeln. Zahllos die Mozart-, Bismarck-, die Wagner-Anekdoten. Leben, die keine hervorbringen, sind dunkel schleichende Abwässer von Fabriken, schicksallos...

Der Anekdotiker hat immer Publikum; erzählt nur Punkte, wo's ergötzlich war, nicht die ganze Reise. Man streckt den Hals danach. Der Biograph erspart uns keinen Kilometerstein, und sein Verhängnis heißt: die Langeweile...

Falsche Töne, Episoden von Beethovens Kaffeebohnen, wurden nicht aufgenommen; nur Kunst- und Künstlerschicksal. Man wird Geschichten hören mit heiteren, dunklen, zornigen, spitzen, mystischen Stimmen: wie die Menschen, die sie gelebt haben. Läuft ein Klarinettistenspaß mit unter, so seid nicht gekränkt, versagt nicht euer Lächeln – der Anekdote als Komödie.

Manches Stück wurde geschliffen. Stilisiert. Manches blieb unverändert mit Staub und Farbe der Zeit.

Mitunter wurde ein Motiv in die Umkehrung gebracht, in Variationen gelöst. Mancher wird nur ein Potpourri hören. Mancher wird vielleicht thematischen Zusammenhang, eine Linie spüren. Desto besser.

Alle Geschichten haben einen Orgelpunkt... In keiner Kunst wird seit Philodemos von Gadara und Diogenes von Seleukia, genannt der Babylonier, so eifervoll gestritten wie in der Tonkunst. Vielleicht weil alle Musiker Brüder sind. Mattheson und Bach, Brahms und Wagner. Wer wäre ein großer Künstler und hätte der Liebe nicht...?

Die Liebe hört man aus der Tiefe.
Graz, Sommer 1921.
Ernst Decsey

Dosenstück von der Jugend

Das Geheimnis

Der Komponist Diodotto war in seiner Jugend Lieblingspage der schönen Bianca d'Este, der Gemahlin Ercole des Ersten. Er spielte die Viola da gamba so seelenvoll, daß Bianca alle Abend nach ihm verlangte.

Einmal, als er verspätet von ihrem Balkon sprang... bemerkte ihn der alte Fürst und ließ ihn ins Gefängnis werfen.

Ercole übernahm fortan selbst die Abendmusik; Bianca ließ es sich gefallen; doch eines Tages verlangte sie wieder nach Diodottos Gambe.

Der Fürst suchte den Künstler auf und herrschte ihn an: „Du sollst frei sein, Bursch; aber sag' mir dein Geheimnis!"

„Geheimnis?" lächelte Diodotto. „Es ist sehr einfach. Ihr führt den Bogen recht. Und setzt im rechten Augenblick den rechten Finger auf die rechte Stelle! ...

Mozarts Gedächtnis

Der junge Mozart hörte während der Karwoche in der Sixtinischen Kapelle das Miserere von Allegri. Das Stück machte auf ihn solchen

Eindruck, daß er es zu haben wünschte. An die päpstlichen Sänger konnte er sich nicht wenden; sie wurden exkommuniziert, wenn sie davon eine Kopie machten. So notierte er das Miserere zu Hause aus dem Gedächtnis, besuchte die Wiederholung am Karfreitag und verbesserte, das Notenpapier unter dem Hut haltend, noch einige Stellen.

Einige Tage darauf traf er mit dem Kastraten Christofori in der Akademie zusammen. Er bat ihn um eine Stelle aus dem Misere. Christofori, eingedenk des Verbots, stimmte sie entstellt an. „Das ist ja ganz falsch", fiel Mozart ein und sang ihm das berühmte Stück im Original vor.

Das schwierige Konzert

Einmal ging Andreas Schachtner mit Papa Mozart nach Hause; in der Stube trafen sie den vierjährigen Wolfgang mit der Feder beschäftigt.

Papa: „Was machst du?"

Wolfgang: „Ein Konzert fürs Klavier, der erste Teil ist bald fertig."

Papa: „Laß sehen."

Wolfgang: „Ist noch nicht fertig."

Papa: „Laß sehen, das muß was sauberes sein."

Der Papa nahm's ihm weg und zeigte mir ein Geschmiere von Noten, erzählte Schachtner, die meistenteils über ausgewischte Tintendolken geschrieben waren (NB. Der kleine Wolfgang tauchte die Feder aus Unverstand allemal bis auf den Grund des Tintenfasses ein, daher mußte ihm, sobald er damit aufs Papier kam, ein Tintendolken entfallen, aber er war gleich entschlossen, fuhr mit der flachen Hand darüber hin und wischte es auseinander und schrieb wieder darauf fort), wir lachten anfänglich über diesen scheinbaren Galimathias, aber der Papa fing hernach seine Betrachtungen über die Hauptsache, über die Noten, über die Komposition an, er hing lange Zeit steif mit seiner Betrachtung an dem Blatte, endlich fielen zwei Tränen, Tränen der Be-wunderung und Freude, aus seinen Augen.

„Sehen Sie, Herr Schachtner", sagte er, „wie alles richtig und regelmäßig gesetzt ist, nur ist's nicht zu brauchen, weil es so außerordentlich schwer ist, daß es kein Mensch zu spielen imstande wäre."

Der Wolfgangerl fiel ein: „Drum ist's ein Konzert, man muß so lange exerzieren, bis man es treffen kann, sehen Sie, so muß es gehen." Er spielte, konnte aber auch just so viel herausbringen, daß wir kennen konnten, wo er hinaus wollte. Er hatte damals den Begriff, daß Konzert spielen und Mirakel wirken einerlei sein müsse.

Der halbe Viertelton

Schachlner, hochfürstlicher Hoftrompeter, besaß eine sehr gute Geige, die der kleine Mozart wegen ihres sanften und vollen Tones „Buttergeige" nannte. Einmal – er war damals kaum sieben Jahre – geigte er darauf und konnte das Instrument nicht genug loben.

Nach ein paar Tagen kommt Schachtner und findet den Knaben mit einer anderen Geige, auf der er gerade phantasierte; ohne sich stören zu lassen, fragte Wolfgang aus dem Spiel heraus: „Was macht Ihre Butter-geige?" Dann dachte er ein bißchen nach und sagte: „Herr Schachtner, Ihre Geige ist um einen halben Viertelton tiefer gestimmt als meine da."

Schachtner mußte lachen. Aber Vater Mozart bat ihn, die Buttergeige zu holen und zu sehen, ob Wolfgang recht hätte.

Und es zeigte sich, daß Wolfgang recht hatte: ein halber Viertelton.

Wie Jung-Haydn sang

Der junge Haydn war aus dem Wiener Kapellhaus ausgetreten. Wohin? Der Hunger brachte ihn auf den Gedanken, nach Mariazell zu wandern. Er meldete sich dort sogleich beim Chormeister und bittet als Schüler des Kapellhauses um Anstellung als Sänger.

Der Chormeister fertigt ihn kurz ab: es kommen ohnehin genug Lumpen von Wien her, die sich als Kapellsänger ausgeben und dann keine Note treffen können!

Am anderen Morgen geht der kleine Joseph auf den Kirchenchor, freundet sich mit den Sängern an und bittet einen, ihm sein Notenblatt zu überlassen. Der weigert es: er dürfe das nicht. Haydn läßt nicht nach, steckt ihm ein Geldstück in die Hand und bleibt bei ihm stehen, bis die Musik anfängt. Plötzlich reißt er ihm die Stimme aus den Händen, setzt statt seiner ein und singt so schön, daß der Chormeister in Verwunderung gerät, ja sich nachher bei Haydn entschuldigt.

Die Geistlichen erkundigten sich, wer der neue Sänger sei, luden ihn zur Tafel ein, er blieb acht Tage ihr Gast und füllte redlich seinen Magen.

Lehrgang

Den ersten Unterricht empfing der junge Boieldieu vom besten Musiker Rouens, einem gewissen Broche, Schüler des Pater Martini. Broche, guter Organist und Improvisator, aber Prolet, brutal und ewig betrunken, bediente sich einer barocken Methode. Einmal brüllte er seinen erschrockenen Schüler an: „Was ist eine Quint?" Der Kleine kann aus Angst und Verlegenheit keine Antwort geben. Der Meister stößt ihn ohneweiters kopfüber die Treppe hinunter und befiehlt ihm, auf den Händen wieder emporzuklettern. Als das Kind zitternd die erste Stufe hinaufklimmt, ruft der Theorielehrer: „Das ist c!" Bei der zweiten, dritten, vierten und fünften: „Das ist d, e, f, g!" Dann fragt er: „Wieviel Schritte hast du nun gemacht?" – „Fünf!" war die klägliche Antwort. – „Also merk' dir's, daß die Stufen c bis g

eine Quint bilden!" Und – „damit du's behältst" – hieb er ihm eine schallende Ohrfeige herunter.

Radikalkur

Rossini gehört zu den wenigen Musikern, die in ihrer Jugend nicht Lust hatten, Musik zu studieren. Vielleicht waren daran auch die sonderbaren Käuze schuld, die seine ersten Lehrer waren. Einer von ihnen, Prinetti, stellte die seltsame Forderung auf, daß man die Tonleiter nur mit zwei Fingern spielen müsse – das ging dem. kleinen Rossini über die Hutschnur, und er erklärte, er wolle mit der Sache nichts mehr zu schaffen haben. Der Lehrer wieder erklärte ihn für hoffnungslos untalentiert. Aber der alte Rossini ließ nicht nach und blieb dabei: Gioacchino wird Musiker.

Als weder Bitten noch Drohungen fruchteten, verfiel Vater Rossini auf ein Gewaltmittel: er steckte den Widerspenstigen zu einem Grobschmied in die Lehre. Im Schweiß seines Angesichts trat Gioacchino dort den Blasbalg und der Vater führte unversehens seine Freunde und Schulkameraden vor die Schmiede, wo sie als höhnender Spottchor der unmusikalischen Hantierung zuschauten. Die Kur half.

Der Prophet

Der Vater Verdi kaufte für den achtjährigen Giuseppe ein halb ruiniertes, klapperiges Spinett. Der Handwerker Cavaletti reparierte es.

Als der alte Verdi das Instrument öffnete, las er erstaunt im Spinett eine Inschrift:

„Ich, Stefano, Cavaletti, habe das Instrument umsonst repariert, da ich das musikalische Genie des jungen Giuseppe Verdi erkannte.

Anno Domini 1821."

Klaras erste Fahrt ins Konzert

20. Oktober 1828. Die neunjährige Clara Wieck soll zum erstenmal öffentlich auftreten, in einem Konzert, das die Grazer Pianistin Perthaler im Gewandhaus gibt. Der Hauptreiz dabei ist für das Kind die schöne „Gewandhaus-Kutsche", in der man die Mitwirkenden feierlich

abzuholen pflegte. Richtig, es wird gemeldet: „Der Wagen für Fräulein Klara ist da!"

Aber, o Enttäuschung! Statt der schönen wohlbekannten Glaskutsche steht ein Omnibus da, worin schon ein paar andere festlich gekleidete junge Mädchen sitzen. Der Diener hebt Klara hinein, es geht fort, der Wagen hält nach wenigen Straßen, wieder wird eine Ladung junger Mädchen hereingeschoben, und so geht's fort. Klara wird es höchst unbehaglich zumute, sie bekommt Angst. Schließlich faßt sie sich ein Herz und fragt das nebenansitzende Mädchen schüchtern, ob's denn nicht zum Gewandhaus gehe? – „Nee", lautet die Antwort, „wir fahren nach Eutritzsch!" Klara fängt zu weinen an. Statt an die Stätte eines Triumphs wird sie zu einem Dorfball geschleppt. Die Tochter ihres Hausherrn hieß nämlich auch Klara und der Diener hatte die Mädchen verwechselt.

In diesem Augenblick wird draußen lebhaft gerufen, man hebt Klara aus dem Wagen und da kommt auch schon die richtige Glaskutsche. In größter Aufregung trifft sie endlich im Gewandhaus ein. Das Herz flattert, die Tränen fließen. Nun soll sie mit dieser Unruhe im Gemüt und in den Händen spielen! Aber ihr Vater empfängt sie, und wenn es je einen großen Pädagogen gegeben hat, dann war es jetzt Friedrich Wieck.

Als ob gar nichts geschehen wäre, mit der ruhigsten Miene der Welt und mit einer Zuckertüte in der Hand tritt er ihr entgegen: „Das hatte ich ganz vergessen, dir zu sagen, Klärchen, man wird allemal verwechselt, wenn man zum erstenmal öffentlich spielt! ..."

Rache

Der junge Verdi war bei der Aufnahmeprüfung im Mailänder Konservatorium durchgefallen. Dem Direktor Francesco Basili mißfielen die bäuerischen Manieren des Bewerbers. „Er ist ungenießbar", entschied er. – Verdi trat bei Lavigna ein.

Kurz nachher hatte Basili das Amt eines Organisten zu besetzen. Von den achtundzwanzig Bewerbern entsprach keiner. Basili wandte sich verzweifelt an Lavigna und zeigte ihm das Fugenthema, das den Prüflingen aufgegeben worden war. „Da hab' ich einen neuen Schüler, für den ist das eine Kleinigkeit", lachte Lavigna und ließ den jungen Verdi kommen. Der löste in der Tat rasch die Aufgabe.

Basili überschüttete ihn mit Lob. „Aber warum

haben Sie zu meinem Thema einen doppelten Kanon geschrieben?"

„Verzeihen Sie, Herr Direktor", erwiderte der „ungenießbare" Verdi, „Ihr Thema war ein wenig nüchtern. Ich mußte es doch etwas genießbarer machen."

Was der Verstand der Verständigen ...

Der alte Strauß wollte von der Begabung seines Sohnes Johann nichts wissen und nicht zugeben, daß er Musiker werde.

Einmal saß er am Klavier und suchte in der Koda eines Walzers nach einem Übergang.

Mit einemmal legt der kleine Johann, der im Zimmer spielte, seine Kinderhand aufs Klavier. „Könntest du nicht so modulieren?" Und der Kleine zeigt, eine Figur des Walzers benützend, einen hübschen, ungezwungenen Übergang.

„Malefizkerl!" brummt der alte Strauß. „Weißt was? Künftig machst du meine Walzer und ich deine Schulaufgaben."

Uriasbrief

Als der junge Georges Bizet den Rompreis erhalten hatte und nach Italien fuhr, ließ er sich von Carafa, Professor am Pariser Konservatorium, einen Empfehlungsbrief an Mercadante mitgeben, den Patriarchen der italienischen Opernkomponisten. Mercadante wohnte in Neapel und im Spätsommer 1859 machte Bizet von Rom aus dorthin einen Ausflug. Aber da war Ischia und Procida, da war das Theater San Carlo; da war Kap Circe, das an Homer, da war Terracina, das an Scribe erinnerte, und beide bloß drei Meilen voneinander entfernt. Bizet bummelte, unterhielt sich, schwelgte, und ganz zuletzt, als der Urlaub schon ablief, fiel ihm Mercadante, der Patriarch, ein. Der Besuch wird von Tag zu Tag verschoben, bis er endlich ganz ins Wasser fällt und Bizet nach Rom zurück muß, ohne Mercadante gesehen zu haben. Auf der Heimfahrt wandelt ihn Neugier an, er möchte wissen, wie eine gute Empfehlung aussieht, und öffnet den Brief. Da stand:

„Mein alter Freund! Ich empfehle Dir angelegentlichst den Überbringer, Herrn Bizet, einen Laureaten unseres Instituts: ein reizender junger Mensch, bieder, sympathisch, besitzt aber, unter uns gesagt, nicht für einen Sou Talent.

Dein ergebener
Michele Carafa"

Die quälende Musik

Fräulein Durbach, die Erzieherin des sechsjährigen Tschaikowski, ermunterte den Knaben nicht gern zum Musizieren. Sie fand, daß musikalische Eindrücke sein Nervenleben irritierten. Als eines Abends im väterlichen Haus mehr als sonst musiziert worden war, klagte der kleine Peter, der bis dahin heiter und guter Dinge war, über Müdigkeit und ging früher als sonst zu Bett. Fräulein Durbach sieht später nach; er ist erregt, schluchzt heftig und stammelt, als sie sich besorgt über ihn beugt: „Diese Musik!... Sie ist hier in meinem Kopf! Erlösen Sie mich von ihr!"

Die Prüfung

Bruckner hat sieben Jahre bei Simon Sechter Theorie studiert. Nun will er sich prüfen lassen. Die Kommission versammelt sich im Musikvereinsgebäude und Herbeck, der Präses, fragt den Kandidaten, ob er sich getraue, ein gegebenes Thema im fugierten Stil praktisch auf Klavier oder Orgel durchzuführen. „Ja." Die Herren gehen zusammen in die Piaristenkirche, Josefstadt. Sechter schreibt ein Thema auf, vier Takte; Herbeck verlängert sie auf acht. „Sie Grausamer!" flüstert ihm Sechter zu. Bruckner starrt das Blatt an, die Kommission wird stutzig: es scheint nichts zu sein. Dann setzt sich der Kandidat an die Orgel, baut aus dem Thema eine vierstimmige Fuge aus und läßt eine freie Phantasie folgen, daß den Herren angst und bange wird!

Im Abgehen hörte man Herbeck sagen: „Eigentlich hätte er uns prüfen sollen."

Der Weg ins Konservatorium

Der junge Hugo Wolf haßte das Gymnasium, denn es hinderte ihn, an das Konservatorium zu kommen. Statt zum Schulgottesdienst und zur sonntäglichen Exhorte zu gehen, trieb er sich lieber auf dem Chor der Stadtpfarrkirche herum und saß dort am Violinpult bei Hummels Messen mit ihren „prachtvollen Fugen". Einmal machte ihm nun der Katechet, der alte Herr Zager, Vorhalte wegen der versäumten Schulmesse und der Knabe ließ alles ruhig über sich ergehen. Als aber der empörte Professor einige Worte über die „verdammte Musik" fallen läßt, da flammt der junge Mensch auf und fährt wie eine Pantherkatze auf den Verketzer seines Heiligtums los. Die ungestümsten Worte schleudert er ihm ins Gesicht und versengt ihn mit lodernden Blicken – mit Mühe kann den am ganzen Leib Zitternden ein Mitschüler von seinem Opfer wegziehen. Die Folgen waren erfreuliche für Wolf: eine schlechte Sittennote, eine noch schlechtere in Religion und er flog im Bogen aus der Schule – ins Konservatorium.

Opus 1

E. N. von Reznicek schloß sich als Knabe einem älteren Vetter freundschaftlich an, mit dem er den Weg ins Gymnasium gemeinsam zurücklegte. Eines Tages pfeift der Vetter dem kleinen Nikolaus einige der gerade volkstümlichen Walzer und Gassenhauer virtuos vor; der junge Reznicek erklärte, er könne das auch. Sofort komponiert er eine eigene Melodie und gibt sie pfeifend zum besten. Dem Vetter gefällt sie so gut, daß er fragt, woher sie sei. Mit Stolz nennt Nikolaus sich selbst als ihren Vater und Erfinder. Der Vetter will es absolut nicht glauben. Und weil Nikolaus fest und steif dabei blieb, erhielt er vom anderen für seine „freche Lüge" eine kraftvolle Ohrfeige: das Honorar für seine erste Komposition.

Die musikalische Kindheit

Saint-Saëns erzählte einmal Gounod von seiner musikalischen Kindheit: wie er mit zweiundeinhalb Jahren schon die Musik des kochendes Wassers hörte, mit vier Jahren zu komponieren begann, mit fünf Jahren Haydn und Mozart-Sonaten spielte, wie er von jedem Zuhörer erriet, ob er musikalisch oder unmusikalisch sei und welche Fülle von Arien, Kantaten, Chören, Ouvertüren, Symphonien er damals schrieb. Trotzdem habe sich seine Mutter darüber nicht gewundert: sie hatte sich's in den Kopf gesetzt, daß einer ihrer Söhne Maler, der andere Bildhauer, der dritte Musiker werden müsse.

„Du hast keine musikalische Kindheit gehabt", sagte darauf nachdenklich Gounod.

Das Wunderkind

Lange sah Liszt die Partituren eines angehenden Komponisten durch, die ihm zur Beurteilung vorlagen. Er schüttelte den Kopf: dagegen waren Wagner und er die reinen Reaktionäre. „Wie alt ist der Kom-ponist?" fragte er.

„Sechzehn Jahre", war die Antwort.

„Wie, erst sechzehn? Und schon so alt?" – Er machte eine Handbewegung: „Aus dem wird nichts!"

Dosenstück vom schöpferischen Geist

Beschäftigt

Künstler sind bei der Arbeit nicht zu sprechen, nicht einmal für die Natur. Lully komponierte gerade am Flügel, als ein Gewitter ausbrach und Blitz um Blitz einschlug. Bei jedem Donnerschlag bekreuzigten sich seine Freunde; er schrieb weiter. „Oh, machen Sie auch einige Kreuze für mich", bat er endlich einen, „Sie sehen ja, ich habe alle Hände voll zu tun!..."

Der Seesturm

Der junge Haydn arbeitete mit Kurz-Bernardon zusammen an einer Oper. Darin kam ein Seesturm vor und seine Darstellung bereitete Haydn mehr Schwierigkeiten als später eine Doppelfuge. Weder er noch Bernardon hatten je das Meer gesehen.

Bernardon lief aufgeregt im Zimmer umher und erklärte Haydn die Sache: „Ein Berg – ein Tal – weißt du? – wieder ein Berg – wieder ein Tal – alles ineinander – dann Gipfel und Abgründe – abwechselnd – Blitze! – Donner! – Mach' mir diese Scheußlichkeiten sehr schön;

vor allem aber die Berge und die Täler recht deutlich!"

Der Komponist versuchte es am Klavier, vergeblich. Er brachte Halbtöne und Septimen an – Kurz-Bernardon war höchst unzufrieden.

„Hol' der Teufel den Sturm!" rief Haydn, warf die Hände an die beiden Enden des Klaviers und fuhr, sie einander rasch nähernd, glissando über die Tasten.

„Das ist er! Das ist er ja!" jubelte der Hanswurst. – Es war der Sturm.

Viele Jahre später, als Haydn von Calais nach London fuhr, mußte er lächeln, wenn er an den Seesturm bei Kurz-Bernardon dachte.

Ouvertüre zu Don Giovanni

Die Geschichte von der Entstehung dieser Ouvertüre zeigt die Konzeptionsgewalt Mozarts. Er vollendet das Werk erst innerlich, bevor er es niederschreibt, ja zaudert in edler Faulheit, bis es vollständig ausgetragen ist.

Am 3. November 1767 sollte die Aufführung des Don Giovanni durch die Guardasonische Truppe in Prag vor sich gehen. Mozart hatte drei Ouvertüren im Kopf: eine in C-Moll, eine in Es-Dur und eine in D-Dur mit einer langsamen D-Moll-Einleitung. Diese dritte bezeichneten seine Freunde als die beste; er schrieb sie aber ebensowenig auf wie die anderen.

Die Proben gingen ihrem Ende zu, die Ouvertüre war noch nicht angefangen. Guardasoni wurde nervös, Mozart vertröstete ihn: es wird schon werden. Endlich versprach er, sie am Nachmittag vor der Hauptprobe zu schreiben. Aber auch an diesem Tag fand er keinen rechten Trieb dazu.

Guardasoni schickt zu ihm, Mozart ist nicht zu finden. Er hatte mit seiner Frau einen Ausflug zu Wagen gemacht. Der verzweifelte Direktor will die Oper schon mit der Idomeneo-Ouvertüre eröffnen.

Spät nachts endlich kommt Mozart zurück; seine Freunde, Guardasoni voran, umringen den Wagen wie ungestüme Gläubiger. Mozart aber will keine Vorwürfe hören: „Laßts mich jetzt gehen! Es wird schon werden!" Er geht ins Haus, setzt sich an den Schreibtisch. Noch immer aber hält ihn die Furcht vor der Übertragung des Klangtraumes ins Reale zurück, nach einigen Minuten bricht er ab. „'s will noch nicht gehn", sagt er zu seiner Frau, „ich will mich auf ein Stünderl niederlegen; weck' mich dann und mach' mir einen Punsch!" Und er legt sich angekleidet aufs Bett und schläft ein. Nach einer Stunde will Konstanze ihn wecken; als sie ans Bett tritt, schläft er so süß, daß sie's nicht übers Herz bringt. Sie wartet noch eine Stunde, aber dann muß es sein. Mozart reibt sich die Augen, schüttelt sich und beginnt sofort die Arbeit.

Konstanze setzt sich zu ihm, gießt Punsch ein, erzählt allerlei alte Schnurren und Geschichten von Aladins Wunderlampe, von der schönen Magelone, und er lacht dazu, während er schreibt.

Um vier Uhr morgens war die Geburt vorbei: die Partitur lag fertig auf dem Tisch. Der Meister stand auf; er konnte sich kaum aufrecht halten. Er legte sich wieder zur Ruhe hin. Um sieben Uhr morgens kam der Kopist um das Manuskript. Um halb acht Uhr abends sind die Stimmen fertig.

Noch naß und mit Sand bestreut werden die Stimmen auf die Pulte gelegt.

Die Geschichte von der Entstehung der Ouvertüre hatte sich verbreitet, und als Mozart erschien, wurde er von dem übervollen Haus mit donnernden Bravos begrüßt. Er verbeugte sich und wandte sich hierauf an die Musiker: „Meine Herren, wir haben leider keine Probe gehabt; aber ich weiß, was ich mit Ihnen riskieren kann. Also – bitte!" Er hob den Taktstock: wie ein Donnerbrausen begann der erste D-Moll-Akkord, Synkopen – Trompeten – Paukenwirbel – dann das aus schauerlichen Tiefen aufsteigende Andante und das jubilierende

Allegro. Als die Ouvertüre vorüber war, ging ein Beifallssturm nieder.

„Es sind zwar ein paar Noten unters Pult gefallen", meinte Mozart lächelnd zu Strobach, „aber es ist doch ausgezeichnet gegangen. Ich bin den Herren höchlich verbunden!"

Probe zum Don Giovanni

Mozart hält in Prag die erste Theaterorobe zu seinem Don Giovanni ab. An der Stelle, wo die Statue des Komturs zu Don Giovanni redet, klopft er ab: einer der drei Posaunisten hat falsch geblasen. Da es nach mehrfachen Versuchen nicht besser gehen wollte, begab sich Mozart zum Pult des Musikers und erklärte ihm, wie er die Stelle haben wolle. Der Posaunist hörte die Unterweisung an, meinte aber: „Das kann man nicht so blasen. Sie werden's doch nicht besser verstehen wollen als ich?!" – „Gott bewahre!" gab Mozart höflich zur Antwort, „von mir können Sie nichts lernen! Geben Sie die Stimmen her! Ich werd' halt die Oper ändern!"

Er tat dies an Ort und Stelle.

Der Versunkene

Beethoven will eines Tages beim „Schwan" zu Mittag essen, ein Gasthaus, das neben der „Mehlgrube", heute Hotel Krantz, lag. Er setzt sich, klopft auf den Tisch nach dem Kellner; der kommt, wie gewöhnlich, nicht. Abermals vergebliches Klopfen, Beethoven zieht mittlerweile sein Notenheft aus der Tasche und beginnt darin zu notieren. Der Kellner kommt, fragt, was gewünscht wird; allein jetzt hört der Meister nicht. Der Kellner, der ihn kennt, entfernt sich, will später wieder kommen; Beethoven versinkt immer tiefer in Arbeit, Endlich fährt er auf, klopft energisch: „Zahlen!" und ist ganz überrascht, als er hört: „Ja, Sie haben ja noch gar nichts bestellt!"

Wie Beethoven zum Spielen gebracht wurde

Sir John Russel, der 1821 in Wien war, wollte Beethoven gern spielen hören. Es schien unmöglich, jede direkte Aufforderung hätte Beethoven rundweg abgelehnt. Nur durch List gelang es.

Alle Gäste verließen das Zimmer, Beethoven und der Herr des Hauses blieben, mittels des berühmten Schreibheftes ein Gespräch über – Bankaktien führend. Der Hausherr berührt dabei wie zufällig die Tasten des Klaviers, fängt eine von Beethovens Sonaten an, macht Fehler, verstümmelt die Passagen, bis Beethoven ärgerlich eingreift, um auszubessern. Nun war es so weit.

Der Hausherr verläßt ihn unter einem Vorwand und begibt sich zu der übrigen Gesellschaft ins Nebenzimmer, wo man den Ausgang der Verschwörung abwartete. Beethoven, allein, setzt sich an den Flügel. Anfangs schlägt er nur, kurz und abgebrochen, einige Töne an; nach und nach vergißt er alles und verliert sich in eine Phantasie, die eine halbe Stunde dauert. Alles entzückte sich daran. „Seine Gesichtsmuskeln schwollen an und seine Adern traten hervor; das doppelt wilde Auge rollte, der Mund bebte und Beethoven sah ans wie ein Zauberer, überwältigt von den Geistern, die er selbst gerufen hat."

Eingebung

Beethoven besuchte mit Bettina das Birkenstocksche Haus, wo er zum Diner geladen war. Alles erstaunte, als sie mit dem menschenscheuen Beethoven eintrat, zumal ungefähr vierzig Personen bei Tische saßen. Er nahm ohne Umstände Platz, sprach wenig, wohl wegen seiner Taubheit, nahm zweimal seine Schreibtafel aus der Tasche und schrieb ein paar Noten hinein. Nach Tisch stieg die ganze Gesellschaft auf den Turm des Hauses, um die Gegend zu übersehen; als alle wieder unten waren, Beethoven mit Bettina allein stand, zog er seine Tafel hervor, übersah sie, schrieb und strich aus und sagte dann: „Mein Lied ist fertig." Er legte sich ins Fenster und sang es vollends hinaus in die Lüfte: „Gelt, das schallt? Es gehört Ihnen, wenn's Ihnen gefällt, ich hab's für Sie gemacht. Sie haben mich dazu gereizt, ich hab' es von Ihrem Blick abgeschrieben…"

Freilichtstudien

Szenerie: eine niederösterreichische Wiese mit weidenden Kühen, blauer Sommerhimmel mit Lämmerwolken. Am unteren Rand der Wiese ein Baumstamm, daran gelehnt, in verknülltem grauen Filzhut, ein Mann. Plötzlich peitscht der Gemeindestier einher, seine Stimme dröhnt in den Tiefen der großen Oktave. Der Mann duckt sich hinter den Stamm, nickt aber höchlich zufrieden. Da der Stier wieder abspringt, zieht er Papier und Bleistift und beginnt eifrig zu notieren.

Kurz darauf erschien Beethovens Pastoralsymphonie.

Während des Fidelio

Beethoven besucht eines Abends Treitschke, den Textdichter des „Fidelio" und erkundigt sich nach der großen Arie. Sie war fertig. Beethoven liest, läuft im Zimmer auf und ab, murmelt, brummt und reißt das Klavier auf.

Den Text vor sich, beginnt er auf wunderbare Art zu phantasieren, es schien, er wolle das Motiv der Arie beschwören.

„Die Stunden schwanden, aber Beethoven phantasierte fort. Das Nachtessen, welches er mit uns teilen wollte, wurde ausgetragen; er ließ sich nicht stören."

Dann umarmte er Treitschke und eilte ohne Mahl nach Hause.

Die abgelehnte Messe

Um 1808 litt Cherubini an schweren Melancholien und Arbeitsunfähigkeit; eine Folge der Zurücksetzungen, die er in Paris durch Napoleon erfuhr. Er begab sich mit Auber nach dem Schloß des Fürsten Chimay und trieb hauptsächlich Botanik. Die Musikfreunde der Stadt Chimay ersuchten ihn eines Tages, für den Tag der heiligen Cäcilia eine Festmesse zu schreiben; er lehnte schroff ab: „Nein, das geht nicht..."

Dennoch botanisierte er an diesem Tag nicht mehr, ging nachdenklich im Park herum, und abends, im Salon, wo alles um den Tisch saß, ordnete er nicht wie gewöhnlich sein Herbarium; er breitete Notenpapier aus und begann zu schreiben. Seite um Seite füllte sich; eine Partitur. Die Anwesenheit einer großen, lebhaften Gesellschaft störte ihn nicht im geringsten.

Während der nächsten drei Tage schloß er sich ein, am vierten zeigte er Auber die Partitur eines Kyrie für Orchester und drei Singstimmen, und noch ehe der Cäcilientag kam, war auch das Gloria fertig, im März das ganze Werk. Es war die nachmals so berühmte F-Dur-Messe.

Auf dem Tauschweg

Der junge Zelter mochte die Bratsche nicht. Dennoch schrieb er einmal ein Konzert für Bratsche und Klavier.

Einer seiner Orchesterkollegen besaß die Partitur von Bendas „Ariadne auf Naxos". Ums Leben gern hätte Zelter sie gehabt. Aber der Besitzer, Vogelhändler im Nebenamt, verlangte dafür zwei – Tauben. Endlich stöbert Zelter einen Menschen auf, der zwei Tauben besaß; aber der verlangt dafür ein Konzert für Bratsche, denn er spielte in seinen Muße-stunden Bratsche.

Was blieb Zelter übrig? Er überwand seine Abneigung und erhielt die „Ariadne".

Die Maschine

Anfang 1826 besuchte Franz Lachner seinen Freund im Fruhwirthaus und fand ihn nicht in Arbeitslaune. Schubert war froh über die Ablenkung: „Komm, trinken wir ein' Kaffee!" Er holte seine alte Kaffee-mühle aus dem Notenschrank, legte die Brille ab und begann zu mahlen. Plötzlich jauchzte er auf: „Ih hab's, ih hab's, du rostiges Maschinerl!" Er schleuderte die Mühle in einen Winkel, die Bohnen flogen umher.

„Ja, was hast denn, Franzl?"

„Ja, mein Lieber, so a Kaffeemaschin' is was herrlich's! Macht ra-rara – und auf amal sind die schönsten Themen da!"

„Also komponiert die Maschin' und net dein Kopf?!"

„Aber Tschapperl: der Kopf sucht oft taglang – die Maschin' find's in einer Minuten. Da is a Phantasie drinnen!" Und er sang ein paar Motive, die später in seinem großen D-Moll-Quartett standen.

Schwinds wertvollste Zeichnung

Schubert übernachtete bei seinem Freund Moritz von Schwind in Heiligenstadt. Am Morgen ist schweres, unfreundliches Regenwetter, mißmutig schiendert Schubert im Zimmer auf und ab. „So fang was an," sagt Schwind, „komponier' halt ein Lied!" – „Es ist ja nichts da: kein Klavier, kein Papier, kein Text!" – „Das werden wir gleich haben!" ruft Schwind. Nimmt Feder und Lineal und macht aus ein paar Bogen Konzeptpapier das schönste Notenpapier zu drei Systemen. Aus seiner staubigen Büchersammlung stöbert er eine alte lyrische Anthologie hervor und bezeichnet ein paar Gedichte. Schubert sieht sie an und beginnt auch schon zu schreiben. Noch ehe es Mittag wurde, waren die Lieder fertig. – Schwind hat später Eduard Hanslick versichert, jene Notenlinien seien das wertvollste gewesen, was er je gezeichnet habe.

Der Ursprung

Als Domkapellmeister in der Pillnitzer Kapelle hörte Weber bei einem schläfrigen Nachmittagsgottesdienst ein paar alte Weiber die Responsorien der Litanei unerträglich falsch intonieren.

Mit diesem Klang im Ohr kam er nach Hause, erzählte davon seiner Frau Karoline und seinem Freund Roth, und setzte sich an den Schreibtisch...

Der Spottchor im „Freischütz" war aus diesem Eindruck entstanden.

Roth verdanken wir noch eine andere Geschichte:

„Als wir in den Garten des Linkeschen Bades kamen, hatten die Kellner schon Tische und Stühle, mit den Beinen nach oben, in Gruppen zusammengesetzt, was wunderlich aussah.

Beim Anblick dieser in Reihen und Intervallen geordneten Gruppen von lang und gerade in die Höhe stehenden Tisch- und Stuhlbeinen blieb der Herr Kapellmeister plötzlich stehen, lehnte sich rückwärts auf den Stock und sagte: ‚Sehen Sie mal, Roth, sieht das nicht aus wie ein großer Siegesmarsch? Donnerwetter! Was sind das für Trompetenstöße! Das kann ich brauchen, das kann ich brauchen! – Dies war der Ursprung des Marsches im „Oberon"."

Wie der Barbier entstand

Die Oper mußte auf Bestellung fertig werden. Der Karneval steht vor der Tür, der Impresario stampft schon mit dem Fuß.

In Rossinis Haus quartieren sich alle ein: Rossini, der Komponist; Sterbini, der Textdichter; der Kopist und seine Leute. Die noch nassen Blätter des Librettos empfängt Rossini, die nassen Notenblätter der Abschreiber, der Sänger Zamboni probiert gleich daraus – in dreizehn Tagen ist das Werk vollbracht.

Der Maestro atmet auf. Er hat während der ganzen Zeit das Zimmer nicht verlassen: ein Räuberbart ist ihm gewachsen. „Warum ich nicht wenigstens zum Barbier gegangen bin?" lachte Rossini. „Der „Barbier" wäre nicht fertig geworden!"

Der gerettete Moses

Beim Durchgang durchs Rote Meer, im dritten Akt von Rossinis „Moses", fing das Publikum regelmäßig zu lachen an. Vor einer Wiederholung der Oper kam Totola, der Textdichter, zu Rossini, der auf seinem Bett faulenzte und seinen Freunden Audienz gab: „Maestro, ich habe den dritten Akt gerettet! Ich hab' vor dem Durchgang noch ein Gebet der Juden angebracht!"

Er zog ein schmutziges Stück Papier aus einer Aktentasche und reichte es Rossini, der es überflog. „Maestro, das habe ich in einer Stunde gedichtet!"

„In einer Stunde?" fragt Rossini, „gut, dann sollst du die Musik dazu in einer Viertelstunde haben!" Springt im Hemd an den Tisch und schreibt in ungefähr zehn Minuten, ohne Klavier, während der lauten Unterhaltung der anderen, die Preghiera nieder. „Hier hast du die Musik!"

Am Abend wollte das verdächtige Gelächter wieder ausbrechen, da hörte man Moses anstimmen: „Dal tuo stellato soglio", der Chor wiederholte es – das

Haus zitterte, ein Beifallsdonner erhob sich; „Moses" war gerettet.

Die Fehlerkreuze

Rossini produzierte so fabelhaft rasch und lebendig, daß er es mit der musikalischen Orthographie nicht genau nehmen konnte. Da standen denn oft Gis für As, As für Gis. An solchen Stellen zeigen seine Origi-nalpartituren gewöhnlich zwei Kreuze, die er aus Reue anbrachte und wozu er anmerkte: Per soddisfazione dei pedanti(zur Beruhigung der Genauigkeitsmeier.)

Morte, Attendo…

Romani, der Textdichter der Straniera fand eines Morgens Bellinis Tür versperrt. Drinnen stöhnte jemand: „Morte, attendo… morte, attendo… che più tarda!" („Tod, ich erwarte dich – was zögert er!") Die schrecklichen Worte wiederholen sich. Zu seiner Bestürzung erkennt Romani die Stimme Bellinis. Er klopft – Bellini öffnet nicht – Romani steigt durch das Gangfenster in die Wohnung.

Zu seinem Erstaunen findet er Bellini vor dem Spiegel, mit düsteren Gebärden deklamierend: „Morte, attendo!" Er studierte das neue Opernbuch.

„Von deiner ganzen Arie ist nur die eine Zeile gut!" ruft ihm Bellini entgegen. „Pass auf, was ich dazu noch brauche!" Er sprang ans Klavier und spielte einige Takte schwelgerischer Musik. „Verstehst du jetzt?"

Romani verstand und machte nach der Musik einige neue Verse. So entstand die Arie: „Nun sei zufrieden, unerbittlicher Himmel!" die das Glück der Straniera entschied.

Auf der Suche

Wenn Donizetti eine musikalische Idee im Kopf ausarbeitete, fixierte er dabei gewohnheitsmäßig irgend einen Gegenstand.

Einmal fiel einem Pariser Modewarenhändler ein Mann auf, der seit acht Tagen die Häubchen in seiner Auslage anstarrte.

Einen Einbrecher vermutend, trat er vor den Laden und herrschte den Mann an: „Was suchen Sie hier?"

„Ich suche das Finale zum dritten Akt der „Lucia"!" entgegnete Donizetti.

Das Skelett am Flügel

Der Maler Ziem, großer Verehrer Chopins, wollte den Meister mit einem neuen Flügel beschenken, um ihn zu überraschen, lud er ihn zum Essen ein; mit ihm einige Freunde, darunter den Fürsten Polignac und den Maler Ricard. Unpünktlich wie immer, er-schien Chopin erst gegen Abend, nach dem Essen, in tiefer seelischer Depression. Die anderen waren sehr gut aufgelegt und begannen Ulk zu treiben, um Chopin aufzuheitern. Polignac zerrte in groteskem Einfall das Skelett, das Ziem im Atelier stehen hatte, aus seinem Winkel und setzte es unter allerlei Possen schließlich ans Klavier. Er faßte die Hände des Knochenmannes und fuhr damit über die Tasten, bald lauter, bald leiser. Die Anderen löschten die Lichter aus und verhielten sich mäuschenstill. Es war eine genialisch-romantische Szene, im Stil der Zeit. Plötzlich hallten durch das Dunkel drei dumpfe Schläge. Ricard hatte grausig scherzend mit dem Fuß an die leere Truhe gepocht, auf der er saß...

Alles lachte, Chopin blieb ernst. Er hatte sich in die weiße Sargdecke gehüllt, die auf dem Flügel lag, und nach den drei Schlägen stürzte er ans Klavier, zerrte das Gerippe vom Stuhl und drückte es lang und leidenschaftlich an seine Brust. Dann spielte er. Die anderen merkten zuerst gar nicht, daß nun Chopin am Flügel saß – aber mit einemmal quollen so seltsame Töne in die Totenstille des Ateliers, daß sie erschauerten: eine Musik, schmerzlich, hoffnungslos und entrückt; jeder Akkord eine Klage. Mitten in einem Takt riß das Spiel ab. Die Künstler eilten zum Klavier und hoben Chopin auf: er war ohnmächtig auf den Teppich gesunken...

Einige Monate später spielte Chopin zum erstenmal öffentlich seine B-Moll-Sonate. Im dritten Satz erschien jene Improvisation an Ziems Flügel. – Und der erste Tote, der unter den Klängen des Trauermarsches begraben wurde, war Chopin selbst.

Der Reiter

Eines Morgens sprengte ein Reiter durch das Menschengewimmel des Marché des Innocents in Paris. Die Polizisten suchten vergeblich ihn aufzuhalten. Körbe und Fässer stürzten um, Chaos und Geschrei entstand und die ganze Meute war hinter dem Reiter: Fischhändler, Obstweiber, Gassenjungen, Polizisten.

Einem Kommissär gelang es endlich, ihn festzuhalten.

„Lassen Sie mich, ich bin Auber!" sagte der Reiter.

„Und deshalb müssen Sie über den Markt reiten?!"

„Im Reiten fallen mir die schönsten Ideen ein, Arien, Quartette, Finales! Jetzt bin ich glücklich, mein Herr: eben habe ich den Marktchor für die „Stumme" gefunden! Sie werden entzückt sein, wenn Sie ihn hören! Au revoir, mon brav'!"

Erholung

Auber fand seine Erholung nur in der Arbeit. Einmal hatte er sich aber doch überanstrengt und, dem Drängen seiner Freunde folgend, verließ er Paris, um in einem nahen Dorf vierzehn Tage auszuspannen. Er versprach, während dieser Zeit nichts zu tun. Kaum angelangt, sprang er vom Wagen und zog sich in das bestellte Zimmer zurück: einen kleinen Einfall zu notieren.

Die Herren machten einen Spaziergang durch den Park, dann setzten sie sich zum Mittagstisch. Auber kam nicht. Man nahm die Suppe, den Braten, man stellte ihm die Speisen warm – endlich erschien er, aber mit ganz abwesenden Mienen, nahm ein paar Bissen und verschwand, vor dem letzten Gang.

Am nächsten Tag das gleiche. Auber nahm an keinem Diner teil, ging nicht spazieren, machte keinen Ausflug, sah von der Landschaft überhaupt nichts – aber nach vierzehn Tagen kam er triumphierend: die mitgenommene Opernpartitur war fertig.

„So, jetzt fahren wir nach Paris zurück; ich habe mich vollkommen erholt!"

Die geistige Atmosphäre

Zu Robert Franz kam ein Russe, Herr von Ch., der im Gespräch äußerte: „Merkwürdig – manche melodische Wendungen in Ihren Liedern würden in Rußland sofort als Volkslieder gelten. Wie kommt das?" Franz schlägt die Texte nach und findet in einem zu seinem Erstaunen bei „Maschinkas Lied" den Untertitel „Frei nach dem Russischen". Beunruhigt untersuchte er seine Burnsschen Lieder und als er darin die schottische Tonreihe (mit fehlender Quart und Septime,) entdeckt, erschrickt er. Das alles hatte er gar nicht gewußt. Schließlich teilte man ihm noch mit, daß in einer amerikanischen Ausgabe seine Burns-schen Lieder die Worte weit malerischer und treuer als in der deutschen Übersetzung wiedergäben.

Er spricht über die seltsame Erscheinung mit seinem Freund Osterwald. „Der richtige Liederkomponist", meinte Osterwald, der die Geschichte erzählte, „vertont nicht nur mechanisch die Worte seiner Vorlage, er riecht ihre geistige Sphäre!"

Segenreicher Lärm

Im September 1856 begann Richard Wagner in Zürich mit dem „Siegfried"-Entwurf. Aber ein Blechschmied seinem Haus gegenüber betäubte die Ohren des Künstlers mit seinem Gehämmer. Wagner litt entsetzlich. Ja, er wollte sich schon entschließen, alles Komponieren aufzugeben.

Da verwandelte sich die Plage in Segen: Plötzlich, in einem Augenblick voll Zorn, sprang das Motiv zu Siegfrieds Wutausbruch gegen den „Stümperschmied" Mime in ihm auf.

Für diesmal blieb er noch beim Komponieren.

Der Rheingold-Traum

An Dysenterie leidend, irrte Wagner in der Gegend von Genua umher. Er trug in sich Gedanken zu einem Orchestervorspiel des „Rheingold", konnte das Rechte aber nicht finden. An einem Nachmittag heimkehrend, streckte er sich müde auf das Ruhebett seines Hotelzimmers aus, um zu schlafen. Alsbald schwebte er in einem Dämmerzustand und hatte plötzlich die Empfindung, in stark fließendes Wasser zu versinken. Immer deutlicher umrauschte ihn der Es-Dur-Akkord und wogte schließlich in figurierter Brechung dahin. Melodische Gebilde stiegen aus dem unverändert fortklingenden Es-Dur-Akkord empor, und mit dem Gefühl, daß die Wogen jetzt hoch über ihn dahinbrausten, erwachte Wagner in jähem Schreck. Das Orchestervorspiel zum „Rheingold" war ihm aufgegangen...

Wagner beschloß sofort nach Zürich zurückzukehren und mit der Komposition des „Rheingold" zu beginnen; er telegraphierte nach Hause, man möge sein Arbeitszimmer herrichten. Allein die paradiesische Südlandschaft wirkte wieder so verführerisch auf ihn, daß er doch noch nach der Riviera di Ponente weiterfahren wollte. Kaum folgte er diesem Drang, so trat auch wieder die alte Dysenterie ein. „Nun verstand ich mich!" Er gab die Reise auf und fuhr nach Zürich zurück, der heilenden Arbeit entgegen.

Die Frau

Liszt brachte nach Zürich seine eben vollendete Faust-und Dante-Symphonie und spielte sie Wagner aus den Partituren vor. Wagner kennt die ursprünglichen Entwürfe, hat auch jetzt einen starken Eindruck – aber er hält den Schluß der Dante-Symphonie für einen Fehlgriff und rät Liszt davon ab. Früher war das Paradies durch den Eintritt des Magnifikat nur als sanftes, weiches Verschweben angedeutet. Jetzt stand dort ein pompöser Plagalschluß. „Nein ! Nein !" ruft Wagner. „Das nicht! Heraus damit! Keinen majestätischen Herrgott! Sondern bleiben wir bei dem sanften, edlen Verschweben!" – „Du hast recht!" rief Liszt, „ich habe es auch gesagt; die Fürstin* hat mich anders bestimmt; aber es soll nun so werden, wie du meinst!"

Indes – es blieb alles beim alten. Wagner erkannte resigniert: was die Frau will, will Gott.

* Karoline Wittgenstein.

Das unerlaubte Instrument

Anton Bruckner entschloß sich, zum Adagio der Achten Symphonie keine Harfe zu nehmen. Harfe war ein „unsymphonisches" Instrument. – Für die verklärenden Stellen braucht er aber doch eine – Liszt verwendet sie ja auch! – Die Symphonischen Dichtungen sind aber gerade das „Unsymphonische"! – Die Sache scheint sich endlich zuungunsten der Harfe zu entscheiden. Weg mit ihr aus der Partitur!

Eines Tages besucht ihn Friedrich Eckstein (mit dem Spitznamen Samiel). Und wie ein armer Sünder empfängt ihn Bruckner: „Samiel, ih hab' doh a Harf'n gnomma!"

Väterliche Sorge

Fritz Eckstein holt Bruckner eines Abends von seiner Wohnung ab. Bruckner komponiert gerade am Scherzo der Achten Symphonie, dem „Deutschen Michel", den er besonders liebte. Die Notenblätter liegen auf dem Klavier umher, ganz frisch noch die Schrift. Die beiden siegen hinab. Kaum auf der Treppe, kehrt Bruckner um: ob die Wasserleitung und „die Gas" abgesperrt sind. Dann gehen sie.

Auf der Straße kehrt Bruckner nach ein paar Schritten wieder um und steigt die vier Treppen hinauf. Es dauert etwas länger und Eckstein geht ihm nach. Da kommt Bruckner aus der Wohnung und sagt im Abschließen geheimnisvoll zu Eckstein: „Weißt, ih hab' nur en ‚Deutschen Michel' a bissel zuadeckt!"

Hellhören

Hugo Wolf bestieg mit seinem Schwager in den Kärntnischen Alpen die Felsenburg Hoch-Osterwitz. Gleichgültig durch die leeren Säle schlendernd, bleibt er plötzlich stehen: leise, geheimnisvolle Klänge halten ihn fest.

Er geht der zarten Tonquelle nach und entdeckt in einem der letzten Zimmer eine Äolsharfe. Der Wind hat sie tönen gemacht.

„Ich habe in meinem Leben noch nie eine Äolsharfe gehört", sagt er zu seinem Schwager, „aber genau so klingt mein Mörike-Lied: „An eine Äolsharfe" das ich vor kurzem geschrieben habe!"

Das Plagiat

Von Liszts Symphonischen Dichtungen war in Zürich ein großer Einfluß auf Richard Wagner ausgegangen.

Zwanzig Jahre später – an einem Augustabend – spielte Liszt in Wahnfried zum Andenken Goethes seine Faust-Symphonie aus der Partitur. Als er nun zum Hauptmotiv kam, sah der junge Kienzl, wie Wagner, der an die Sieglinden-Szene im zweiten Akt der „Walküre" dachte, lachend an den Flügel trat und scherzend sagte: „Du, Papachen, das habe ich dir ja gestohlen!"

Worauf Liszt erwiderte: „Nun, das ist recht; da hört's doch wenigstens jemand!"

Mozart-Reminiszenz

Loewe spielte einem Freund eine neue Ballade vor und fragte ihn um seinen Eindruck.

„Echt loewisch; aber – einige Gedankengänge erinnern an Mozart!"

Mit Lächeln erwiderte Loewe: „Ja, Mozarts erinnert man sich immer gern!"

Orginalität

Schubert spielte einigen Freunden die neue „Forelle" vor. Das Lied gefiel ungewöhnlich und mußte ein paarmal wiederholt werden.

Einem Zuhörer fiel die Ähnlichkeit der Klavierbegleitung mit einer Figur aus der „Coriolan"-Ouvertüre auf: „Himmel, das hast du ja von Beethoven!"

Schubert erschrak: „Meiner Sir! Zerreiß'n mer's!"

Man hatte Mühe, ihn abzuhalten.

Johann Strauß spielt Max Kalbeck einen Walzer aus dem Manuskript vor. Nach den ersten Takten singt Kalbeck die Melodie allein weiter. Entsetzt ballt Strauß das Notenpapier zum Knäuel und wirft es enttäuscht in den Papierkorb: „Alles schon dagewesen!"

„Aber, lieber Freund, Sie haben mir's ja im Sommer schon vorgespielt!"

Die zum Tod verurteilte Melodie wird daraufhin begnadigt und damit der D-Dur-Walzer „So voll Fröhlichkeit" gerettet, der das zweite Finale des „Zigeunerbarons" krönt.

Die gleiche ernste Sorge beunruhigte auch Edvard Grieg. Auf einem Bootsausflug fiel ihm ein hübsches musikalisches Thema ein, das er sofort auf einem Blatt Papier notierte. Er legte es neben sich auf die Bank, von wo es ein Windstoß, ohne daß er es merkte, ins Wasser wehte. Sein Freund Beyer fischte es heraus, las es heimlich und steckte es ein. Nach einer Weile pfiff er das Thema vor sich hin.

Grieg erblaßte… „Was ist das?"

Beyer erwidert leichthin: „Ach, nur eine Idee, die mir gerade durch den Kopf geht."

„Zum Teufel", erwidert Grieg, „ich hatte eben genau dieselbe Idee!"

Seltsames Manuskript

Der alte Gruber, Aushilfsgeiger in der Lannerschen Kapelle, saß eines Nachts mit Lanner zechend im Stammwirtshaus „Zur Glocke". Lanner, der Bekannte traf, gerät immer tiefer in die Weinlaune, als er plötzlich wie abwesend wird und dem Gruber eilig sagt: „Bleiben S' noh a wengerl da, ih komm glei!" Er springt auf, läuft auf die Gasse, zieht mit dem Bleistift fünf Linien auf die Hauswand und kratzt schnell ein paar Notenköpfe hin. Dann kam er erleichtert zurück und zechte munter weiter. Beim Fortgehen fanden die Gäste auf der Mauer das „Manuskript", das die ersten Takte des „Abendstern-Walzers" enthielt.

Notenschrift

Johann Strauß fuhr eines Nachts aus dem Schlaf, ein geträumtes Motiv deutlich in Erinnerung. Er will es sofort notieren, aber wagt nicht, seine schlafende Gattin zu stören. Und so zündet er die Kerze nicht an, tappt im Finstern nach Papier und Bleistift, findet aber nur den Bleistift. Statt Papier benützt er einfach das Leintuch seines Bettes. Und da er im Dunkeln keine Notenlinien ziehen kann, schreibt er den Einfall in Buchstaben hin:

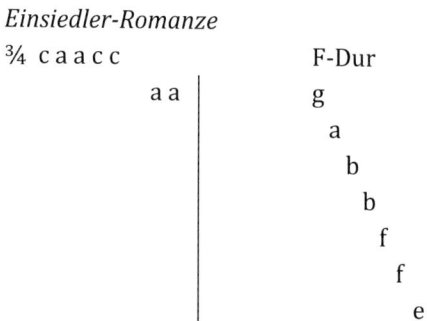

Am Morgen übertrug er das Original in die musikalische Orthographie:

(Walzer-Romanze aus „SIMPLICIUS")

Der ermutigende Sport

Sir Artur Sullivan sollte bei Mr. Turner, einem Kollegen, den Fünfuhrtee nehmen und am gleichen Nachmittag bei einem Fußballmatch erscheinen. Er arbeitete damals gerade am „Mikado" und entschloß sich für das Fußballmatch.

„Warum haben Sie mir abgesagt?" fragte ihn tags darauf Mr. Turner.

„Sie spielen so ausgezeichnet Karten", antwortete Sullivan, „daß ich immer verliere. Das entmutigt, Mr. Turner!"

„Und das Fußballmatch?..."

„Sehen Sie, das ist ganz etwas anderes. Wenn ich morgens mit einem unbedeutenden Einfall ans Klavier gehe, kann ich mir gar nicht vorstellen, daß daraus ein populäres Motiv wird; wenn ich aber die Spieler und den Ball sehe, fasse ich Mut, wende die Sache hin und her, und mittags bin ich damit – im Goal!"

Die Hemmung

Ein junger Wiener Dichter, Anton Lindner, erbot sich Richard Strauß, aus der „Salome" von Oscar Wilde ein Opernbuch zu machen. Strauß findet die ersten Verse Lindners sehr schön, vermag sie aber seltsamerweise nicht zu komponieren. Er beschließt trotz seiner Ungeduld einige fertige Szenen des jungen Dichters abzuwarten; sie kommen, es geht abermals nicht. Beunruhigt sucht er nach dem Grund der Hemmung und schlägt das Wildesche Original auf. Beim ersten Satz: „Wie schön ist die Prinzessin Salome heute nacht!" – springt ihm die Musik entgegen. Und er stürzt sich in die Komposition des Originaltextes.

Die wegkomponierte Natur

Als Gustav Mahler seine Dritte Symphonie schrieb, worin er den Blumen der Wiese, den Tieren des Waldes, den Wolken des Himmels Stimme gab, besuchte ihn Bruno Walter auf seinem Landsitz am Attersee. Bewundernd läßt der Gast seinen Blick über die bewaldeten Berge kreisen.

Da sagt Mahler mit scherzhafter Anspielung auf sein symphonisches Naturbild: „Sie brauchen sich gar nicht mehr umzuschauen; das hier herum habe ich schon alles wegkomponiert."

Urlaub zum komponieren

Richard Strauß verschaffte einem begabten jungen Dirigenten seine erste Kapellmeisterstelle an einer größeren deutschen Opernbühne. Er nahm an, sein Schützling, der über viele Bewerber gesiegt hatte, werde sich dort rasch einarbeiten und festen Fuß fassen.

Nach einigen Monaten kam der Kapellmeister und teilte Strauß mit, er habe ein Jahr Urlaub genommen, um eine Oper zu vollenden.

„Wie?" fragte Strauß mit Entsetzen. „Ihrer Oper wegen?! – Der Tag hat vierundzwanzig Stunden! Zwölf für die Arbeit! Acht können Sie schlafen! Bleiben Ihnen zum Komponieren volle vier Stunden täglich! Und bei soviel freier Zeit brauchen Sie Urlaub?!"

Dosenstück von Spiel und Spielleuten

Überredungskunst

Die Cuzzoni, berühmter dramatischer Sopran, weigerte sich in London unter Händel zu singen. Niemand wagte sie umzustimmen; sie ist der Satan unter den Weibern; sie hatte ihren eigenen Mann umgebracht, als er ihr zu widersprechen wagte.

Händel sitzt bei der Probe und gibt der Cuzzoni den Einsatz. Sie öffnet den Mund nicht. Er steht auf, packt sie und schleift sie ans offene Fenster: „Madame, entweder Sie singen oder ich werfe Sie die drei Stockwerke hinunter! Meinetwegen können Sie der Teufel sein – ich bin Beelzebub!"

Madame richtete ihre Toilette und sang.

Der einzige Zuhörer

Der siebenjährige Krieg war beendet und König Friedrich wollte das Ereignis durch einen Festgottesdienst feiern. Er befahl die Aufführung des Graunschen Tedeum in der Schloßkirche und Graun, der dirigieren sollte, sah dem Tag in angenehmster Erwartung entgegen. Wie enttäuscht war er, als der König allein erschien und keine glänzende Hofgesellschaft den leeren Raum füllte.

Aber plötzlich sieht er, beim Eintritt der Singstimmen, wie Friedrich das Gesicht mit beiden Händen bedeckt und schluchzend den Kopf auf die Brüstung beugt...

Es war Grauns größter Erfolg.

Der Lebensretter

Haydn erschien im Orchester und setzte sich ans Pianoforte, um seine Symphonie zu leiten. Die neugierigen Londoner verließen ihre Sitze und drängten sich an die Orchesterbrüstung, um den berühmten Mann in der Nähe besser zu sehen. Dadurch wurden die Sitze in der Mitte des Parterres leer. Kaum war es geschehen, so stürzte der große Kronleuchter herab und zerbarst mit donnerndem Krach in tausend Splitter. Nach dem ersten Schreck erkannten die Leute an der Brüstung, welcher Gefahr sie entronnen waren, und von Lippe zu Lippe ging das Wort: Mirakel!

Haydn war innig gerührt, warf einen Blick zum Himmel, der ihn zu seinem Werkzeug gemacht, und sagte zu den Herren im Orchester: „Meine Musik ist doch etwas wert – jetzt hat sie mindestens dreißig Menschen das Leben gerettet!"

Mozart als Don Giovanni

Bei der Generalprobe des Don Giovanni in Prag gefährdete die Signora Bradini, die Sängerin der Zerline, das Finale des ersten Aktes. Sie soll um Hilfe rufen; aber immer rief sie zu spät und zu leise. Alle Belehrungen waren umsonst.

Da springt Mozart aus dem Orchester auf die Bühne und läßt das Menuett wiederholen. Und diesmal ertönt ein so echter, naturwahrer weiblicher Aufschrei, daß alles aufhorcht.

Entrüstet stürzt Zerline aus dem Kabinett: im entscheidenden Augenblick hatte sie Mozart mit einem Don Juan-Griff um die – Hüfte gepackt...

Das kränkende Kolorit

Robert Franz pflegte bei den Proben zu den Halleschen Akademiekonzerten eine analytische Rede an das Orchester zu halten. Mitunter liefen ihm dabei buchstäblich die Tränen über die Wangen: aber er fand wenig Zuhörer. Einmal gebrauchte Franz in einer Ansprache wiederholt das Wort „Farbe": offenbar ein romantisches Stück in großer Farbenpracht und Farbenglut.

Plötzlich fährt der zweite Hornist wütend auf und schreit von seinem Platz über das Orchester: „Ich bin Künstler und verbitte mir solche Anspielungen ein- für allemal!"

Franz fand keine Worte. Wie?...

Unter Gelächter des Orchesters gibt endlich jemand Aufklärung: der Hornist war früher Zimmermaler und hatte das Wort Farbe für eine Verhöhnung gehalten.

Der verbesserte Tannenhäuser

Am 19. Oktober 1845 war Richard Wagners „Tannhäuser" unter dem Titel „Der Venusberg oder der Sängerkrieg auf Wartburg" in Dresden zum erstenmal aufgeführt worden, woran sich ein heftiger Streit in den Blättern über Wert und Unwert der Dichtung und Komposition schloß. Namentlich die im Venusberg hausende Venus war den Muckern ein Dorn im Auge. Die alten Weiber in Hosen waren auch über den tragischen Schluß erregt: ohne Verheiratung am Schluß gab es keine gute Oper.

Diesem Bedürfnis nach anständigem Ausgang halfen mehrere Dichter nach. So führte die Direktion Josef Schweitzer, Nachfolgerin Karoline Schweitzer, ein Stück auf:

Tannhäuser
oder
der Deklamationskrieg auf der Wartburg,
Schauspiel in fünf Aufzügen nebst
einem Vor- und Nachspiel
von
Weiland Josef Schweitzer

Als Empfehlung erklärte der Theaterzettel:

Verehrungswürdige!

Mein Gatte, Weiland Josef Schweitzer, hat dieses gediegene Schauspiel verfaßt, bevor er in das Jenseits, wo er für jede Sünde Rechenschaft geben muß, versehen mit den heiligen Sterbesakramenten, abberufen ward. Er schrieb dieses Stück mit seinem Herzblut und drang in die Gewalten der Liebe mächtig ein, ohne den Venusberg je besucht zu haben. Ich bitte, das Stück meines seligen Mannes deshalb nicht mit der Oper dieses Herrn Richard Wagner zu verwechseln, mit dessen Ansichten mein seliger Mann nie etwas gemein haben wollte. Mein Mann hat die Liebe in dem Stück so behandelt, wie er sie als Mensch empfunden, tief und gewaltig, schön, was ich am besten bezeugen kann; vor allem, daß jeder, der sein Stück ansieht, mitfühlen kann, was schon daraus hervorgeht, daß der Held Tannhäuser und die

Heldin Elisabeth zum Schluß heiraten und nicht sterben, weshalb Ihnen ein vergnügter, gemütlicher Abend bei dem Besuch der Vorstellung sicher ist.

Karoline Schweitzer Direktorin und Nachfolgerin des Dichters des
Stückes, Weiland Josef Schweitzer

Das verbotene Stück

Liszt war zu Anfang der Fünfzigerjahre – Blütezeit der Reaktion – zu einem Konzert in der Wiener Hofburg geladen. Der Polizeichef erkundigte sich bei allen österreichischen Gesandten jener Städte, wo Liszt gespielt hatte, ob er „ein anständiger und verläßlicher Mensch" sei. Die Relationen lauteten befriedigend; trotzdem hegte die Polizeistelle schwere Bedenken, da er Ungar war. Und richtig: im Lauf des Konzerts hatte Liszt den Mut – den Rakoczy-Marsch zu spielen, den feurigen Freiheitsmarsch der Ungarn, der jeden auf acht Wochen in den Arrest brachte, der ihn öffentlich spielte. Der Hof war vor Schrecken starr.

Der junge Kaiser Franz Joseph aber fand eine noble Lösung. Er verlangte eine Wiederholung des Stückes und wendete sich lächelnd zu Liszt: „Ich habe so selten Gelegenheit, diesen schönen Marsch zu hören!"

Verschwunden

Charles Gounod war einer reizenden englischen Sängerin erlegen und folgte ihr heimlich nach London. Seine Familie suchte ihn in aller Welt; allein er blieb verschwunden.

Damals stand seine „Margarete" täglich auf dem Repertoire der Großen Oper. Ein Freund der Familie besprach sich mit dem Direktor: plötzlich verschwand „Margarete".

Kurz darauf öffnete sich eines Morgens behutsam die Tür zum Frühstückszimmer, wo die Familie eben saß, Papa Gounod schob seinen Patriarchenkopf herein und flötete mit gespitztem Mund:

„Cou-cou! C'est moi! Voilà!"

Alle taten, als sei er nur eine Viertelstunde weg gewesen. Niemand fragte etwas und Gounod klopfte sein Ei auf.

„Margarete" erschien wieder auf dem Repertoire der Großen Oper.

Am Dirigentenpult:

Richard Wagner

1875 wird „Lohengrin" an der Wiener Hofoper neu inszeniert. Probe zum zweiten Akt. Am Dirigentenpult: Richard Wagner. Im Duett Elsa-Ortrud läßt er das Nachspiel vom Orchester ausspielen. Die Streicher legen sich hinein. Der Meister, vom schönen, warmen Ton der

Wiener Geigen überrascht, wendet sich ihnen zu: „Sie haben das ja viel schöner gespielt, als ich es komponiert habe!"

Am Abend der Aufführung, beim Nachspiel des Duetts, legt Wagner den Taktstock aufs Pult, läßt das Orchester selbständig spielen und lächelt höchst vergnügt. Das Nachspiel verklingt, ein Beifall bricht aus, so stürmisch, daß Wagner sich erheben und vom Pult aus danken muß, wobei er zu den nächstsitzenden Musikern meint: „Mir kommt vor, es gefällt dem Publikum noch besser, wenn ich nicht dirigiere!"

Das führende Orchester

Jules Massenet wurde eingeladen, seine „Thais" in Genf zu dirigieren. Er überlegte – Operndirigieren war seine schwache Seite – dann sagte er zu.

Die Orchestermusiker freuen sich; sie hofften, von ihm etwas zu lernen, und warteten gespannt auf die Aufführung.

Massenet setzt sich ans Pult. Er hebt den Taktstock. Alles blickt ihn an. – Da flüstert er mit freundlichem Zwinkern dem Orchester zu: „Et maintenant, messieurs, conduisez-moi bien!"

Die patzenden Hofkapellmeister

Bei einem Brahms-Fest der Meiningenschen Hofkapelle wurde am Schluß die Akademische Festouvertüre gespielt, wobei die beiden Kapellmeister im Orchester beim Schlagwerk mitwirkten. Hans von Bülow übernahm die Becken, der junge Richard Strauß die große Trommel. Keiner von beiden konnte bei dieser Festbesetzung die Pausen zählen. In der Probe war Strauß schon im vierten Takt „raus". Schließlich half er sich und legte sich eine Partitur aufs Pult. Aber Bülow, durch die vielen Pausen in seiner Stimme ganz verwirrt, zählte immer acht Takte kräftig mit, hörte auf und rannte zum Trompeter: „Bei welchem Buchstaben stehen wir denn?" Und dann ging's von neuem los: „Eins, zwei, drei, vier..."

Ich glaube, erzählt Strauß, am Schlagwerk ist nie so viel gepatzt worden wie an dem Abend, wo die beiden Kapellmeister mitwirkten.

Der Schirm

Probe zur Alpensymphonie. Bei den wilden Geigenpassagen im Abschnitt „Gewitter und Sturm" entfährt dem Konzertmeister unversehens der Geigenbogen und fällt zu Boden.

„Halt", ruft Richard Strauß abklopfend, „wir müssen das Gewitter noch einmal machen, meine Herren; der Herr Konzertmeister hat seinen Regenschirm verloren!"

Unnachgiebig

Richard Strauß studiert an der Wiener Staatsoper ein Wagnersches Werk ein. Die Darstellerin der Hauptrolle zeichnet sich durch unbekümmertes Rubatosingen aus.

Endlich klopft Strauß ab und ruft auf die Bühne: „Gnädige Frau! Ich bin kein routinierter Kapellmeister! Ich kann nicht nachgeben! Sie müssen schon nach meinem Takt singen!"

Rhythmus

„Tristan"-Probe 1906. Mahler wendet sich im letzten Akt an den Sänger des Tristan: „Bitte, keine Gestikulationen! Singen Sie ruhig Dreivierteltakt! ... Keine Gebärden! Eins, zwei, drei! Dreivierteltakt! Der Ausdruck kommt schon! Wozu ewig die Hände?"

„Ich muß doch spielen, Herr Direktor!"

„Nein! Dreivierteltakt!!!"

Saalverdunkelung

Die Kindertotenlieder sollten in einer kleinen Stadt aufgeführt werden und der Stadtkapellmeister leitete die Vorproben zur Zufriedenheit Mahlers.

Da gedachte der Kapellmeister noch ein übriges zu tun und verriet, daß er für den Aufführungstag das Orchester durch Blattpflanzen unsichtbar machen, überdies den Saal verdunkeln werde.

Mahler geriet in Erregung: „Ja, warum denn?" Der Kapellmeister berief sich auf die Broschüre eines namhaften Kritikers und Reformators.

„Der Efel!" rief Mahler. „Die Musik muß so gut sein, daß den Leuten das Sehen vergeht! Daß jedem schwarz vor den Augen wird! Vom Musizieren hängt's ab; nicht vom Saal!"

Taktfestigkeit

Mottl sitzt bei der Orchesterprobe. Um ihn herum die Korrepetitoren und angehenden Kapellmeister, in den Partituren lesend. Der Fagottist macht wiederholt rhythmische Fehler. Endlich klopft Mottl ab: „Sie, lieber Freund, mit Ihrem rhythmischen Gefühl werden Sie Ihr Leben kein Fagottist werden!" Und mit einem Blick aus die Zuhörer: „Höchstens ein Kapellmeister!"

Der Komponist des Fidelio

Der junge Felix Weingartner ist Kapellmeister am Danziger Stadttheater und macht gelegentlich dem Direktor den Vorschlag, „Fidelio" zu geben.

„Fidelio"?", fragt der Direktor, „wahrscheinlich wieder eine von den Schundsachen, für die man Tantiemen bezahlen muß?"

„Nein", sagt Weingartner, „bei „Fidelio" gibt's keine Tantiemen" und wendet sich zum Gehen.

Der Direktor ruft ihm nach: „Sie, wann ist der Komponist von „Fidelio" gestorben?"

„1827!"

„Nun also meinetwegen, dann führen Sie Ihren „Fidelio" auf!"

Schwierigkeiten

Schubert konnte seinen Erlkönig nicht spielen. Der Sänger Josef Barth fragte ihn einmal: „Warum nehmen Sie denn Achtel und nicht die vorgeschriebenen Triolen?" – „Ja, sehn S' "‚ erwiderte Schubert, „ih brauch' das net; g'nug, daß ih's komponiert hab'; die Triolen sollen die andern spielen!"

Der Komponist Josef Marx wurde aufgefordert, seine neue Symphonie bei der Uraufführung selbst zu dirigieren. „O je", klagte er einem

Freund, „wann ih g'wußt hätt', daß ih's selber dirigieren muß, hätt' ih net so viel Fünfviertel- und Siebenvierteltakt' hineing'schrieb'n!"

Festspruch

Für den Almanach einer jubilierenden Bühne erbat sich das Festkomitee auch einen Beitrag von Dingelstedt. Die Fülle des Stoffes erlaube leider nur kurze Widmungen: es genüge ein kleines sinnreiches Gedicht. Dingelstedt schickte einen einzigen, erfahrungsschweren Satz ein: „Jedes Theater ist ein Narrenhaus; aber die Oper ist die Abteilung für Unheilbare!"

Zwischenspiel von Künstler und Welt

Die Macht der Musik

Mimnermos aus Kolophon liebte die lydische Flötenspielerin Nanno, die ihm viel Herzeleid bereitete.

Ein reicher Lydier lud Nanno, die Flötenspielerin, und Mimnermos, den Sänger, zum abendlichen Gelage. Mimnermos bekam die Leier in die Hand und sang seine Lieder an Nanno. Und während er sang, ward Nanno auf dem Ruhebett die Gefährtin des Hausherrn...

Enttäuscht als Liebhaber, als Künstler verletzt, ließ Mimnermos die Leier sinken. „Spiele weiter", rief ihm der Hausherr zu, „du spielst so süß! Ich kann dir doch, o Mimnermos, keinen schöneren Beweis meiner Schätzung geben – und auch dir nicht, Nanno!"

Der Helfer

Die Lakedämonier waren wegen des messenischen Krieges in starker Bedrängnis und schickten eine Ge-sandtschaft nach Athen. Die athenische Regierung sagte ihnen Hilfe zu.

Man wartete in Sparta auf die Truppen – da erschien eines Tages ein lahmer Schulmeister: Tyrtäos aus Athen! – Das war die „Hilfe"?

Bald erkannten die Lakedämonier den Wert dieser Sendung. Des Tyrtäos hinreißende Kriegslieder gewannen den Krieg gegen Messenien.

Rollentausch

In einer Gewaltarbeit von vierzehn Tagen schrieb Händel den „Rinaldo", seine erste Oper für London. Er errang damit einen ungestümen künstlerischen Erfolg, und Walsh, der Verleger, machte glänzende Geschäfte. Namentlich die Kavatine „Cara sposa" fand reißenden Absatz: ganz London wollte sie haben.

„Dear friend", sagte da eines Tages Händel zu Walsh, „das nächste Mal tauschen wir die Rollen. Sie schreiben die Oper und ich verkaufe die Stücke. Ich komme auf jeden Fall besser weg!

Die gestörte Sterbestunde

Rameau lag im Sterben. Ein befreundeter Abbé besuchte ihn. Am Bett sitzend hörte er Rameau röcheln. Er begann laut zu beten und stimmte hierauf einen Psalm an.

Plötzlich schlug der Sterbende die Augen auf. Mißbilligend flüsterte er: „Aber, Herr Abbé! Wie kann man nur so falsch singen?!"

Das Temperament des Künstlers

An einem Tag im Mai wurde Beethoven, als er mit einem eben komponierten Lied vor sich am Klavier saß, durch zwei Hände überrascht, die sich auf seine Schultern legten. Er sah mit finsterem Blick auf, aber sein Antlitz erhellte sich, als er in das Antlitz einer schönen jungen Dame sah, welche ihren Mund an sein Ohr hielt: „Ich heiße Brentano." Es war Bettina. Sie hat die drei Stockwerke zu seiner Wohnung, Mölkerbastei', erklettert. Sie bedurfte keiner weiteren Einführung. Er lächelte und reichte ihr, ohne aufzustehen, die Hand: „Ich habe eben ein schönes Lied gemacht für Sie. Wollen Sie es hören?" Dann sang er scharf und schneidend – nicht weich und flötend – daß die Wehmut auf den Hörer rückwirkte: „Kennst du das Land?" Es gefiel ihr. „Nicht wahr, schön!" sagte er begeistert, „wunderschön, ich will's noch einmal singen." Er sang es von neuem, blickte mit triumphierendem Ausdruck zu ihr hin und da er ihre Wangen und Augen glänzen sah, freute er sich ihres heiteren Beifalls.

„Aha" sagte er, „die meisten Menschen sind gerührt über etwas Gutes; das aber sind keine Künstlernaturen. Künstler sind feurig, sie weinen nicht!"

Der elegante Beethoven

Der Hofkapellmeister Schlösser aus Darmstadt sucht Beethoven in Wien auf, trifft ihn in der Kärntnerstraße und wird gleich zu Steiner&Haslinger ins Paternostergassel mitgenommen. Dabei fällt ihm auf, wie elegant der Herr von Beethoven heute gekleidet ist: blauer Frack, gelbe Knöpfe, weiße Hose, weiße Weste und – hinten auf dem Kopf – ein neuer Kastorhut. Schlösser, der den Meister immer in höchst genialischer, fast verwilderter Toilette sah, befragt seinen Lehrer Manseder, wie das komme. Manseder lacht. Wenn Beethoven seine Gezeiten hat, übersieht er, was um ihn vorgeht. Freunde nehmen ihm öfter am Abend die alten Kleider weg, legen ihm dafür funkelnagelneue auf den Stuhl – er zieht des Morgens Rock und Pantalons an und merkt nichts davon.

Beethoven und sein Bruder

Christoph van Beethoven war ein eigener Fall. Er erwarb ein bedeutendes Vermögen, unbekannt wie, wahrscheinlich als Schieber. Eine Zeitlang kurierte er, als Chininlieferant des Militärärars, das Fieber der österreichischen Soldaten, was ihm jedenfalls gut anschlug. Er kaufte ein Landgut, verließ seine Apotheke in Urfahr, übersiedelte nach Wien und führte das

Leben eines Knallprotzen. Allgemein nannte man ihn „Prinz Christoph". Während sein Bruder scheu und einsam in Heiligenstadt umherirrte, fuhr der Prinz täglich mit vier Schimmeln im Schritt von der Burg über den Graben in den Prater und machte solches Aufsehen, daß die Polizei sich ins Mittel legte. Endlich einigten sich Behörde und Prinz auf ein Kompromiß: er mußte bedeutend schneller, durfte aber dafür zweimal täglich fahren.

An diesen Bruder wandte sich nun Beethoven einmal, als er in Geldbedrängnis war. Aber der Prinz antwortete teils mit Vorwürfen – Ludwig sei nichts rechtes geworden – teils mit Sittensprüchlein – jeder müsse sich selbst durchhelfen – und schlug zuletzt das Darlehen glatt ab. Wie jeden so unterschrieb er auch diesen Brief in lateinischen Lettern:

Christoph van Beethoven, Gutbesitzer

Beethoven beantwortete seine Epistel mit den denkwürdigen, lapidaren Worten:

„Herrn Christoph van Beethoven, Gutsbesitzer. Ich brauche Dein Geld, aber auch Deine Predigten nicht.

Ludwig van Beethoven, Hirnbesitzer."

Der Zudringliche

Der Wiener Musiker Josef Fahrbach war in seiner Jugend bei einem der großen Musikverleger auf dem Graben angestellt. Ein paar Tage nach seinem Eintritt öffnete ein unbekannter kleiner Mann mit rund-lichem Gesicht – eine Notenrolle in der Hand – vorsichtig die Tür. Kaum sieht ihn der Verleger, so winkt er ihm ab: „Sie, heit is nix!" – Worauf sich, der Besucher sogleich schüchtern empfiehlt.

„Wer war denn das?" erkundigte sich Fahrbach.

„Ah, Schubert heißt er!" brummte der Verleger ärgerlich. „Der kämert alle Tag' daher!"

Urwüchsigkeit

Lanner dirigierte auf einem Wiener Hofball ein langes und exakt ausgeführtes Menuett. Die Erzherzogin Sophie trat auf ihn zu und sagte ihm freundlich: „Jetzt haben Sie sich aber ordentlich ange-strengt?" Banner, eben beschäftigt, sich mit dem Taschentuch den Schweiß abzutrocknen, erwiderte in gemütlichstem Wienerisch: „No, ih glaub's, kaiserliche Hoheit!"

Und dann machte er eine Bemerkung, die ihn auf lange Zeit der Ungnade des Hofes auslieferte. Er schlug den Frack zurück und meinte zur Erzherzogin: „Da schauen S' her, kaiserliche Hoheit, wiar ih schwitz'!"

Die Veranstalter des Musikfestes von Norwich – Sommer 1839 – hatten Ludwig Spohr eingeladen, sein Passionsoratorium aufzuführen. Bei der Landung wird – auf Befehl der Regierung – sein Gepäck nicht visitiert, und dies bildet den Auftakt zu Ehrungen wie sie kaum Händel und Haydn erfuhren.

Der Lord-Mayor geleitet Spohr in die Kathedrale, ungeheure Menschenmassen bilden Spalier und die Predigt beginnt: sie richtet sich gegen Spohr und sein Oratorium. Der Prediger wetterte dagegen, einen so heiligen Gegenstand zu vertonen und beschwor die Gemeinde, ihr Seelenheil nicht aufs Spiel zu setzen, sondern die Aufführung zu meiden.

Spohr saß in der Empore, hörte aufmerksam zu und nickte bei jedem Kraftwort mit Wohlwollen. Ein Berichterstatter stellte fest, daß, im Gegensatz zum Geistlichen, er durch seine würdige Haltung, durch den Ausdruck von Demut und Milde in seinen Zügen den Eindruck des wahren Christen gemacht habe und daß sein bloßer Anblick wie eine gute Predigt, in der der Geist der Religion wohnt, zum Herzen sprach.

Spohr hatte es leicht: er verstand kein Wort englisch.

Ein gerader Michel

Ludwig Spohr mußte zum Geburtstag seines Kurfürsten in Gala antreten. Es war ein schöner Sommertag, zwanzig Grad Wärme, und Spohr geht ins Schloß, die athletische Gestalt in einen weiten Wintermantel gehüllt. Auf dem Weg begegnet ihm ein Freund, äußert Besorgnis, erkundigt sich nach Spohrs Gesundheit – Spohr schlägt den Mantel zurück und zeigt seine von Orden funkelnde Brust: „Krank bin ich nicht; aber so kann ich doch nicht über die Straße gehen!"

Der schwer gefasste Entschluss

Herbeck suchte Anton Bruckner als Nachfolger Sechters am Konservatorium zu gewinnen. Er läßt durch eine Mittelsperson anfragen; es kommt eine ablehnende Antwort. Darauf fährt Herbeck selbst nach Linz, Bruckner zögert noch immer. Sie fahren zusammen nach Sankt Florian und Herbeck packt Bruckner von der altösterreichischen Seite: soll die Stelle ein Reichsdeutscher bekommen? – Bruckner weicht aus. Sie gehen in die Stiftskirche und Bruckner setzt sich an die Orgel. Sie ist seine Jugendfreundin. Sie kennt ihn, mit ihr will er sich beraten.

Er spielt. und wie sie dann nach Linz zurückfahren, ist Bruckner mit sich im reinen: die Orgel hatte ja gesagt.

Der Wunsch

Anton Bruckner wurde vom Kaiser Franz Joseph in Audienz empfangen. Bruckner wollte sich dafür bedanken, daß der Kaiser ihm eine Wohnung im Belvedere überlassen hatte. Der Kaiser half ihm über seine Verlegenheit ein bißchen hinweg: es sei ihm eine Freude gewesen, ihm einen Dienst erwiesen zu haben, und wenn Bruckner etwas auf dem Herzen habe, möge er es ihm nur anvertrauen.

Da sagte Bruckner, in der kindseligen Vorstellung, der Kaiser könne alles: „Wann Euer Majestät amol en Hofrat Hanslick sageten, daß er net so viel schimpfet über mih!"

Lamento e trionfo

Am 16. Dezember 1877 führte Anton Bruckner im Wiener Gesellschaftskonzert seine Dritte Symphonie auf. Er war kein Dirigent, das Orchester nur flüchtig einstudiert, die Tonsprache neu – Ergebnis: nach jedem Satz liefen Zuhörer erschreckt hinaus. Am Schluß des Konzerts stand Meister Antonius ganz allein auf dem Podium – auch die Orchestermusiker hatten das Weite gesucht – und packte seine Noten zusammen.

Am Seitengang des Saales traten ein paar Schüler auf Bruckner zu, um ihn zu trösten. Er wehrte ab:

„Laßts mih aus, laßts mih aus, die Leit' woll'n nix von mir wissen!" Die bewegte Szene wurde plötzlich von einem Herrn Raettig unterbrochen, der auf Bruckner einzureden begann. Die aufgeführte Sym-phonie habe ihn entzückt – schon bei den Proben – kein Spaß – voller Ernst: er sei bereit – sie zu verlegen. Bruckner starrte ihn an wie ein Phantom: „Verlegen?" – Er konnte es nicht glauben. – „Aber kan Klavierauszug, Sie! A Partitur muß ih hab'n! Hören S'?"

Es erschien die Partitur und auch ein Klavierauszug. Der Klavierauszügler war Gustav Mahler.

Gegenkritik

Bruckner ist in Berlin, um sein Tedeum aufzuführen. Diesen Anlaß benützt einer seiner Freunde und macht ihn mit dem Chef eines großen Musikverlages bekannt. Hocherfreut überreicht Bruckner seine noch ungedruckte Siebente Symphonie zur Prüfung. Nach acht Tagen kommt er wieder und holt, unter devotesten Bücklingen, die Entscheidung ein.

„Tja", sagt der Chef des Hauses, Geheimrat H., „'n sehr schönes Werk, Herr Professor – nur der letzte Satz scheint mir 'n bißchen verworren, nich?"

„Wia?"

„Nun ja, gewissermaßen unorganisch..."
„Verwurr'n! Wissen S', dös ham s' aa bein Herrn von Beethoven seiner Zweiten Symphonie g'sagt, dö Viechkerln!"

erklärt Bruckner und braust hinaus, die Partitur unterm Arm.

Mozarts Steuerbekenntnis

Mozart mußte einmal satieren, das heißt: der Steuerbehörde sein festes Einkommen angeben. Er trug in das Formular die achthundert Gulden Gehalt ein, die er als Kammerkompositeur des Kaisers Joseph bezog und schrieb in die Rubrik „Besondere Bemerkungen" den Zusatz:

„Zu viel für das, was ich leiste; zu wenig für das, was ich leisten könnte."

Hugo Wolf im Steueramt

Nach Wolfs Bericht entwickelte sich am Schalter dieser Dialog:

Der Beamte: „Aber Sie müssen doch von etwas leben – wovon leben Sie denn?"

Hugo Wolf: „Vom Pumpen!"

Selbstbiographie

Eine Musikzeitung ersuchte Hugo Wolf in seinen letzten Lebensjahren um eine biographische Skizze und um ein Bild dazu.

Wolf antwortete auf einer Postkarte: „Ich heiße Hugo Wolf, bin am 13. März 1860 in Windischgrätz geboren, und noch am Leben. Soviel genügt als Biographie. Die blöde Fratze tut nichts zur Sache!"

Die Empfehlung

Eine Sängerin kommt mit Engagementswünschen pompös zu Gustav Mahler ins Direktionsbüro der Hofoper. Als besondere Empfehlung zieht sie, diskret und nachdrücklich, die Visitenkarte eines Erzherzogs hervor. Mahler sieht die Dame an, nimmt die Karte und zerreißt sie wortlos mit sprechender Langsamkeit.

„Bitte, jetzt singen Sie!"

Vox Populi

Ferdinand Hiller besuchte den sterbenden Beethoven in seiner Einsamkeit. Der Meister äußerte sich sehr abfällig über den „jetzigen Kunstgeschmack" in Wien und über den „hier alles verderbenden Dilettantismus". Hiller sprach von der italienischen Oper, die ausschließlich das Interesse des Wiener Volkes bilde. Da kamen aus Beethovens Mund die Worte: „Man sagt: Vox populi vox Dei – ich habe nie daran geglaubt!"

Vox Dei

In Krumpendorf bei Mahler. Eine Hugo Wolf-Debatte war eben im Gang. Jemand hat die gute Deklamation gelobt.

„Ach was, Deklamation!" sagt Mahler. „Wo ist die motivische Durchgliederung? Von allen seinen Liedern werden vielleicht zwei, drei, sechs fortleben: die heute gesungen werden!"

„Dann wäre von Loewes Balladen auch kaum ein halbes Dutzend lebendig?!"

„Gewiß nicht mehr! Das sind die guten, die wertvollen, die der Publikumsinstinkt herausgesucht hat!"

„Das Publikum... Gott!..."

„Jawohl! Ich sage, das Publikum! Dag Publikum hat recht: Vox dei!"

Die Orden

Gustav Mahler hat als Direktor der Wiener Hofoper mannigfache Orden erhalten, doch nie einen getragen. Als er aus der Hofoper schied, ließ er alle Auszeichnungen in der Schreibtischlade liegen. Sein treuer Diener Hassinger wollte ihn vor Verlust bewahren und machte ihn darauf aufmerksam; Mahler erwiderte mit einer seiner unbeschreiblichen Hand-bewegungen: „Für meinen Nachfolger!"

Der Werkelmann

Gustav Mahler machte mit ein paar Freunden einen Spaziergang durch den Hilmwald bei Graz, Auf einer Lichtung stand ein blinder Mann mit einer Drehorgel.

Jemand ging hin und legte eine Silberkrone auf den Teller: er solle aufhören und die Stille nicht stören.

„Aber nein!" sagte Mahler, „lassen Sie ihn nur weiterspielen! Er ist das Bild des Künstlers in der Welt: nur die Bäume hören ihm zu! Er ist überhaupt das Bild der Welt, in deren Mittelpunkt Musik tönt!"

Dosenstück von den Hörern

Antike Stoffe

Der Musikdirektor einer österreichischen Provinzstadt sucht zu einem Gluck-Abend, den er veranstaltet, einen Klavierauszug, des „Orpheus". „"Orpheus" haben mir net", erwidert der Musikalienhändler, nachdem er alle Regale abgesucht. Enttäuscht will sich der Direktor entfernen, da wirft der Musikalienhändler ein Heft auf den Tisch: „Nehmen S' das! Is aa schön!"

Es war die „Schöne Helena" von Offenbach.

Der Gipfel des Enthusiasmus

Stendhal erzählt von einem Kunstenthusiasten, der um 1790 in Brescia lebte und das höchstentwickelte Musikgefühl in ganz Italien besaß.

Wenn eine schöne Stelle kam, pflegte er seine Stiefel auszuziehen. Und erreichte das Pathos auf der Bühne den Höhepunkt, so schleuderte er seine Stiefel, einer alten Gewohnheit gemäß, hinter sich auf die Zuhörer.

Eines Abends fielen sie einem alten Marchese, der in seiner Loge saß, auf den Kopf und störten ihn im besten Schlummer. Der Marchese forderte den Enthusiasten zum Duell.

Aber Grossi, der Vorstand der Brescianer Schuhmacher, legte sich ins Mittel: „Marchese, wollen Sie uns unserer besten Kundschaft berauben?!"

„Außerdem haben seine Stiefel", fiel der Direktor der Truppe ein, „noch immer das Interesse an unseren Vorstellungen geweckt und – Sie geben zu, Marchese – sogar wach erhalten!"

Sein Werk

Joseph Haydn schrieb bekanntlich 144 Symphonien, 83 Streichquartette, 85 Kassationen, Divertimenti und Serenaden, 15 Messen, 20 Klaviertrios eine endlose Reihe anderer Werke, darunter die „Schöpfung" und die „Jahreszeiten". In Wien besitzt er, vor der Mariahilferkirche, sein – einziges – Monument.

Eines Tages fährt dort der Fürst M., der zur Suite des Kaisers Franz Joseph gehörte, mit einem österreichischen Aristokraten vorüber.

„Du, wer ist denn das?" fragt der Aristokrat. „A Komponist, der Joseph Haydn!" „So. – Was hat denn der g' schrieben?" „Weißt du nicht? Die Volkshymne!"

Das musikalische Estro

Ein englischer Offizier bestellte bei Josef Haydn in London zwei Militär-Märsche, Haydn lehnte ab: er sei noch mit seiner Oper „Orpheus" beschäftigt, überdies könne er nur komponieren, wenn er in Stimmung sei, wenn, wie man sagt, das Estro musicale (das musikalische Feuer) sich einstelle. Vielleicht könne der Herr die Märsche von einem anderen Komponisten setzen lassen, den er, Haydn, beaufsichtigen wolle.

„Danke. Dann wäre ich nicht zu Ihnen gekommen!"

Dabei klimperte der Engländer in der Tasche mit seinen Goldguineen. Der Klang wirkte auf Haydn verführend.

„Wieviel Zeit lassen Sie mir?"

„Vierzehn Tage."

„Und der Preis?"

„Fünfzig Guineen!"

Nach vierzehn Tagen kommt der Offizier. Haydn setzt sich ans Klavier und spielt den ersten Marsch in Es-Dur. Sein Schwung, nahm er an, müsse in die Füße gehen. Der Offizier saß daneben, unbewegt wie eine Statue.

„Der gefällt ihm nicht", dachte Haydn und spielte rasch fertig.

„Ancor una volta!" befahl der Offizier.

Haydn wußte nicht, woran er war und fing den Marsch noch einmal an. Er verdoppelte die rhythmische Präzision und schielte dabei nach dem Gesicht des Offiziers, aus dessen steinernen Mienen er aber weder Zustimmung noch Ablehnung lesen konnte.

Der 'Offizier steht auf, zieht eine Rolle mit fünfzig Guineen hervor, übergibt sie Haydn, nimmt wortlos seinen Marsch und empfiehlt sich.

„Den zweiten wollen Sie gar nicht hören?" fragte Haydn ängstlich.

„Danke. Der erste hat schon so viel Estro; der zweite kann nicht mehr haben. God bye!"

Der Unbekannte

Der junge Berlioz bewarb sich um den Rompreis und reichte der Akademie eine Kantate ein. Am entscheidenden Tag trifft er auf der Treppe Pingard, den Türhüter und Amtsdiener des Instituts. „Wie ist's mir denn gegangen?" fragt er erwartungsvoll.

„Es fehlten Ihnen bloß zwei Stimmen zum Preis", antwortete Pingard. „Eben ging ich mit der Urne zu den letzten beiden Herren, da sagte einer zum anderen: ‚Geben Sie Berlioz nicht Ihre Stimme. Das ist ein verlorener Mensch. Er bewundert nur Beethovens Ausschweifungen – aus dem wird nie etwas!'"

Verlioz stampfte wütend auf. Pingard bedauerte ihn: „Ja, dieser Herr Beethoven! ... Wer ist das eigentlich? Alle Welt spricht von ihm, und er gehört gar nicht zum Institut!"

Die moderne Messe

Der neue Regens chori einer Wiener Kirche – es war zur Kaiser Franz-Zeit – wollte sein Amt mit Cherubinis großer Messe eröffnen. Der Kirchendiener strich an ihm vorüber und flüsterte: „Tun Sie das nicht! Bei dieser Messe gehen doppelt soviel Wachskerzen drauf als bei jeder anderen!" – „Das ist gar nichts", fiel der Kontrabassist ein, „ich hätte bei einem Konzert mitwirken sollen – bis ich hinkam, war's zur Hälfte vorbei und das Honorar beim Teufel!" – Der Bälgetreter unterbrach: „Meine Knie tun mir noch vom letztenmal weh: immer geht's aus einem Ton in den anderen bei der Messe! Nein, nur keinen Cherubini!"

„Das ärgste aber sind die Pausen!" sagte zuletzt ein alter Chorsänger. „Bei den alten Meistern, da geht's wie am Schnürl fort; bei den modernen ewiges Pausieren, kein Stil, kein Stil!"

Das Lob

Leopold von Meyer, eleganter Pianist, der meist Tanzstücke spielt, hat in der Burg vorgetragen. Der alte Kaiser Ferdinand, genannt Ferdinand der Gütige, geht auf ihn zu und belobt ihn:

„Ich gratuliere, Herr von Meyer... Ich hab' schon den Thalberg gehört..."

Meyer verbeugt sich,

„...und ich hab' schon den Liszt gehört..."

Meyers Verbeugung wird tiefer.

„...aber so wie Sie, Herr von Meyer, so wie Sie..."

„Majestät sind zu gnädig!" stammelt der Überglückliche. „Majestät, wie soll ich danken..."

„...so wie Sie geschwitzt hat noch keiner!" meint der alte Herr zu dem verblüfften Pianisten.

Der Komponist

Karl von Schönstein, begabter Dilettant, sang im Palais Kinsky auf der Freiung einige Müller-Lieder; Schubert begleitete am Flügel. Am Schluß herrscht großer Jubel, man umringt Herrn von Schönstein, gratuliert ihm, Niemand kümmert sich um Schubert. Die Hausfrau bemerkt es und sucht ihn durch ein paar Komplimente zu entschädigen.

„Sie brauchen sich keine Müh' mit mir geben, Frau Fürstin", meint Schubert, „das bin ich schon g'wöhnt! Ist mir aber ganz lieb: da fühl' ich mich viel weniger geniert!"

Der Mäzen

Ein reicher jüdischer Bankier in Hamburg hat von Spohrs ausgezeichnetem Quartettspiel gehört und will ihn den Gästen seines Salons als Sehenswürdigkeit vor-setzen. Spohr sagt zu, stellt jedoch die Bedingung, daß zum Quartett die besten Künstler Hamburgs geladen werden. Spohr kommt hin und findet dort wirklich Andreas Romberg. Dann kommt noch ein dritter Geiger von Qualität. Die Tür öffnet sich: ein vierter Geiger erscheint.

„Warum fangen Sie denn nicht an?" fragt der ungeduldige Hausherr.

Spohr erzählt dem erstaunten Mann etwas von Bratsche und Cello.

„Was, Sie wollen der berühmte Spohr sein und können mit drei Geigen nicht Quartett spielen?"

Liszt war in ein reiches Haus geladen; nach einem opulenten Souper rückt der Hausherr einen Stuhl ans Klavier: „Herr Liszt, spielen Sie uns doch ein bißchen vor!" Liszt geht zum Klavier, macht ein perlendes Glissando über die sieben Oktaven und schließt den Deckel: „Das Diner ist bezahlt!"

Zwischen den Eseln

Herbst 1847. Zum Geburtstag der Großherzogin will Liszt eine neue Oper aufführen und schlägt dazu den „Tannhäuser" vor. Der Hof genehmigt den Plan; aber Liszt hatte nicht mit dem Philisterium Weimars gerechnet. Schon seine Absicht erregte die Nerven beispiellos und je mehr davon durchsickerte, desto heftiger wuchs die Opposition. Ein Kammerherr rief in Liszts Gegenwart: „Warum kann man denn nicht eine Oper aufführen, die von Paris kommt?! So eine deutsche zu nehmen, das ist doch eselhaft!" – „Was eselhaft?!" fuhr Liszt auf, „die Oper wird gegeben! Esel rechts, Esel links! Ich gehe meinen Weg!!"

Souverän an Bord

Als Liszt – Dezember 1876 – in Pest weilte, trat ein Freund in sein Zimmer und erzählte in höchster Erregung, die Serben hätten aus der Belgrader Festung einen der österreichisch-ungarischen Monitore beschossen.

Lächelnd erzählte Liszt, das sei ihm auch schon widerfahren. „Als ich bei schwerem Wetter, von Gibraltar kommend, in einen kleinen spanischen Hafen einlief, bekam unser Schiff plötzlich Feuer. Es war ein Mißverständnis ohne traurige Folgen. Niemand wurde getroffen. Ich kam an Land. Der Hafenkommandant entschuldigte das Versehen. Ich stellte mich ihm vor. Er ließ den Kapitän kommen: „Herr Kapitän! Warum haben Sie nicht die Flagge, Souverän an Bord' gehißt?"

Die Witwe

Dezember 1843 trifft Franz Liszt in Weimar ein, um sein Kapellmeisteramt anzutreten. Im ersten seiner Konzerte spielt er auch das schwere H-Moll-Konzert von J. N. Hummel, der sein Vorgänger im Amt war. Die Witwe des Komponisten, Elisabeth Hummel, wohnte dem Konzert bei. Als es vorüber war, sagte sie zu Gille beglückt: „So haot's halt do mei Alter not z'samm'bracht!"

Herren und Diener

Der Fürst sitzt in der ersten Reihe, Liszt zögert, denn der Fürst spricht mit seinem Nachbarn. Der Obersthofmeister winkt mit hochgezogenen Augenbrauen: das Hofkonzert muß beginnen. Liszt präludiert, der Fürst spricht noch immer. Liszt beginnt die Campanella, hört nach den ersten Takten auf, der Fürst sieht aus seinem Gespräch verwundert empor, Liszt flüstert, sich erhebend, hinunter: „Wenn die Herren sprechen, müssen die Diener schweigen..."

Der Gatte der Pianisten

Klara Schumanns Namen verbreitete sich rascher als der ihres Mannes. In den Vierzigerjahren trat sie einmal mit Werken Roberts in einem Wiener Hofkonzert auf und wurde nachher dem König der Niederlande vorgestellt.

Seine Majestät zog die Künstlerin in ein längeres Gespräch. Dann wendete er sich, leutselig unterbrechend, auch an Robert: „Nun, und Sie? Sie sind auch musikalisch?"

Dem Verdienst seine Krone

Die erste Aufführung von „Carmen" wurde verschoben, Bizet erkrankte und seine Freunde fürchteten, er werde die Ernennung zum Ritter der Ehrenlegion nicht mehr erleben.

Eine Deputation begab sich zum Minister: „Exzellenz, wir fühlen uns genötigt, Sie um das Kreuz der Ehrenlegion für Herrn Georges Bizet zu bitten!"

„Wer ist das?" fragte der Minister.

„Ein Mann, der viel Schönes geschrieben hat!"

„Zum Beispiel?"

„Die „Arlesienne"!"

„Wie? Die „Arlesienne"? Oh, das ist ein köstliches Buch! Und der Autor ohne Dekoration? Unerhört!"

So erhielt Bizet das rote Bändchen Daudets.

Die eingeladene Geige

Der Geiger Wilhelmy wurde in London von einer reichen Landsmännin zum Kaffee eingeladen. Gleich nach dem Kaffee wird die Hausfrau unruhig und rückt heraus: „Herr Wilhelmy, wo ist denn Ihre Geige?"

Wilhelmy verbeugt sich korrekt: „Ja, meine Geige läßt sich entschuldigen, sie trinkt keinen Kaffee!"

Drohung

An einem seiner großen Klavierabende in Wien spielte Hans von Bülow nur Unbekanntes von Brahms und eine Reihe Bachscher Fugen. Der Beifall wollte am Schluß kein Ende nehmen. Als Bülow zum zwanzigstenmal herausgejubelt wurde, blieb er auf dem Podium stehen und sagte mit maliziösem Lächeln: „Verehrte Anwesende! Wenn Sie jetzt nicht aufhören, dann spiele ich Ihnen die letzte Fuge wirklich noch einmal vor! ..."

Die Shows

Auf seiner großen amerikanischen Tournee fühlte sich Anton Rubinstein sehr herabgewürdigt. Zwei, drei Konzerte täglich, Hetzfahrten von einer Stadt zur anderen, und das Betrübendste: seine Konzerte wurden „Shows" genannt, wie man bei uns von Moden- oder Rinderschau spricht. Er protestierte: „Sind meine Konzerte Menagerien?" Aber am nächsten Tag war wieder „Show" und so fort, und er durfte bei tausend Francs Reugeld nicht absagen. Seine Wut entlud sich naturgemäß auf den Takten.

Einmal trat am Schlusse ein Yankee ins Künstlerzimmer und klopfte ihm wohlwollend auf die Schulter: „Sie haben ganz gut gespielt, Mister Rubinstein; aber weshalb spielen Sie nichts für die Seele?" Bebend entgegnete der Meister: „Ich spiele für die Seele. Aber nicht für Ihre, sondern für meine!"

Hofanstellung

Goldmark fährt von Pest, wo seine „Königin von Saba" aufgeführt wurde, nach Wien zurück. In seinem Coupé sitzt eine Dame, er kommt mit ihr in ein Gespräch, ist sehr liebenswürdig und nett zu ihr, zuletzt hilft er ihr sogar mit einem Geldbetrag aus.

„Bitte, wer sind Sie eigentlich?" fragt da die Dame.

„Ich bin Karl Goldmark", antwortet er nicht ohne Selbstbewusstsein. Und da sie ihn fragend anblickt, erläutert er seine Persönlichkeit weiter: „Der Komponist der ‚Königin von Saba'!"

„Ach so!" meint die belehrte Dame, „Sie sind bei Hof angestellt!?"

Unglauben

Leoncavallo war wegen seines „Roland" in Berlin, den er im Auftrag des deutschen Kaisers komponierte. Nach einer Aufführung des „Bajazzo" beschloß er, mit seinem Freund Benno Jacobson, dem Schwankdichter, das Ballhaus in der Jägerstraße aufzusuchen, wo ein Berliner Mädchen mit sehr schöner Stimme auftrat.

Beim Sekt wurde die Stimmung gemütlich, die kleine Sängerin setzte sich an den Tisch. Mitten in der Unterhaltung fragt sie plötzlich Jacobson: „Ja, wer bist du denn eigentlich?" – „Ich bin Benno Jacobson, der den „Schlafwagenkontrollor" geschrieben hat, weißt du?" – „So? Du willst Jacobson sein?" fragte die Sängerin mißtrauisch. „Und wer ist denn der andere?" – „Ich bin Leoncavallo, Komponist!" – „Vom „Bajazzo"? Sie lachte auf: „Das kannste der Frau Meier erzählen. Wenn du da Jacobson und du da Leoncavallo bist, dann bin ick die Patti!"

Die Sonntagsheiligung

Ferruccio Busoni gab in Montreal, Kanada, ein Konzert, worauf der „Verein zur Sonntagsheiligung" gegen ihn ein Strafverfahren beantragte.

Der Richter fragte den Polizisten, der dem Konzert beiwohnte, was dort geschehen sei.

„Nichts, als daß ein Mensch allein ununterbrochen Klavier spielte", war die Antwort. – „Hat sich jemand im Saal über das Spiel beschwert?" „Nein. Es schien mir nur zu laut!"

Der Richter fragte einen anderen Zeugen: „Erinnerte das Konzert irgendwie an einen Gottesdienst?" Der Mann erwiderte: „Das kann ich nicht sagen; ich schlief nach einer Viertelstunde ein!"

Daraufhin sprach der Richter Busoni frei: sein Konzert habe durch nichts die Sonntagsruhe gestört.

Vaterliebe

Ein Besucher Wahnfrieds suchte Wagner zu schmeicheln und sprach von „Rienzi" mit Geringschätzung.

„Es ist ganz natürlich, Meister, daß sie ihn in Bayreuth nicht aufführen. Was ist auch der „Rienzi" gegen die „Nibelungen"!"

„Na, na", erwiderte Wagner, „machen Sie mal einen!"

Die unbemerkte Musik

Ein junger Enthusiast besucht Richard Strauß, um ihm seine Bewunderung auszudrücken. Er hatte am Tag vorher die „Salome" gesehen und kann sich in begeisterten Erinnerungen nicht genugtun: wie erhaben die Gestalt des

Propheten, wie faszinierend der Tanz der Salome, wie packend die Nervenangst des Herodes, wie wunderbar die Kontraste von Heiden- und Christentum, wie...

„Und die Musik?" fragt die Gattin des Komponisten. „Wie hat Ihnen denn die Musik gefallen?"

„Die Musik?... Die hab' ich, offen gestanden, gar nicht bemerkt", entgegnet erschrocken der junge Mann.

„Bravo!" sagte Strauß, „das ist der schönste Erfolg, den ich in meinem Leben hatte!"

Der Philister

Einmal saß nach einem Liederabend, den Richard Strauß in Graz mit seiner Gattin Pauline gab, eine Runde von Künstlern und Kunstfreunden zusammen. Das Gespräch kommt auf das Aussehen großer Tondichter und jemand bemerkt, auf Strauß anspielend, es gäbe Komponisten, die gar nicht danach aus-sehen, die man eher für Staatsbeamte oder Philister hielte. Ja, einem Künstler sei es nicht einmal abträglich, wenn er ein bißchen philisterhaft lebe.

„Mag schon sein", bemerkte dazu Frau Pauline, „daß mei Richardl wie a Philister ausschaut; aber auf'm Papier, da tobt er si aus!"

Das starke Ritardando

Richard Strauß und Ferdinand Löwe waren zusammen in Pest und Strauß dirigierte in dem Konzert eine Beethovensche Symphonie. Nachher fragt Löwe: „Herr Doktor, warum haben Sie das Ritardando im letzten Satz so auffallend langsam genommen?"

„Ja, lieber Direktor, das muß man. Wenn man's nicht auffallend macht, dann merkt es ja das Publikum nicht!"

Seine erste Neunte

Gustav Mahler war im Verkehr mit Vorgesetzten der feinsten Ironie fähig. Er hatte zum erstenmal die Neunte Symphonie im Philharmonischen Konzert aufgeführt. Der Obersthofmeister Fürst Montenuovo trat auf ihn zu: „Wundervoll! Ganz ausgezeichnet, Herr Direktor – nur die Tempi habe ich früher anders gehört!"

Mahler verbeugte sich mit der Miene eines Überglücklichen und lächelte verbindlich: „Ah, Durchlaucht haben die Neunte schon gehört?"

Nachruhm

Bela Haas, die böse Zunge Wiens in den Achtzigerjahren, ging einmal mit Brahms Arm in Arm durch den Stadtpark. In jedem Winkel ein Denkmal. Vor einem freien Platz bleibt Haas stehen und sagt: „Sehen Sie, lieber Freund, hier wird sich in hundert Jahren auch Ihr Denkmal erheben; und Tausende werden da stehen wie wir und..." (der Meister wehrt geschmeichelt ab) „... und werden fragen: Wer war denn das?!"

Intermezzo des fernen Ostens

Die Laute

Lu Gü, der Musikmeister, stimmte zwei Lauten nach dem für alle Melodien gültigen Grundton. Die eine trug er in die Mitte des Zimmers, die andere in ein Nebenzimmer. Als er nun auf der einen den Grundton anschlug, hörte man ihn auch auf der anderen. Und als er die Terz anschlug, kam sie von drinnen zurück. Die Saiten durchschwirrten einander nicht.

„Was tust du da, Meister?" fragten seine Schüler.

„Ich lehre euch, daß es eine Grundwahrheit gibt; schlägt man sie irgendwo an, so tönt sie von irgendwo zurück. Das Herz der Welt ist eine Laute. Wer den Grundton kennt, kann darauf spielen!"

Sammlung

Ein Holzschnitzer machte für den Fürsten Lu einen Glockenspielständer. Ein Werk, das alle Welt entzückte und bewundert ward wie Unwirkliches.

„Du bist doch ein einfacher Schnitzer", fragte der Fürst eines Tages, „welches Geheimnis hast du angewendet?"

„Als ich ans Werk ging", antwortete der Schnitzer, „nahm ich mich ganz ins Herz und schloß mich drei Tage ein. Da vergaß ich den Gewinn, den mir die Arbeit bringen könne. Nach fünf Tagen den Ruhm; dann meinen Leib und mein Leben; zuletzt Euch, für den ich schuf. Dann ging ich in den Hochwald und sah die Bäume mit dem gesammelten Blick an. Da erschien mir der rechte Baum, und da stand auch mein Werk schon fertig vor mir. Mein befreites Herz blutete in das freie Herz des Baumes!"

„Das ist alles sehr natürlich", meinte der Fürst.

„Und ist doch das größte Geheimnis des Handwerks!"

Der gute Zuhörer

Be Ya war ein guter Zitherspieler; Dschung Dsi Ki ein guter Zuhörer. Wenn Be Ya einen hohen Berg im Sinn hatte, so sprach Dschung: „Wundervoll! Du spielst das Steile und das Kühne!" Und wenn Be Ya fließendes Wasser im Sinn hatte, so sprach Dschung: „Vortrefflich! Du spielst das Wallende und das Zarte!"

Einmal wanderten sie im Schatten des großen Gewitters und duckten sich unter einen überhängenden Felsen. Be Ya nahm die Zither. Da sagte Dschung Dsi Ki: „Herrlich! Du spielst die Weise der scheinenden Sonne!"

Be Ya legte die Zither weg.

„Warum seufzest du?" fragte Dschung Dsi Ki.

„Ich bin traurig", antwortete Be Ya, „weil du alle meine Stimmungen errätst. Es ist mir unmöglich, dir mit meinen Tönen zu entgehen!"

Der berauschte Gong

Der gelbe Kaiser entwich in den heiligen Bambuswald und verlor sich in den Mantel des Unwirklichen.

Als er zurückkehrte, war seine Lieblingsfrau entflohen.

Er schickte ihr Wissen nach. Wissen brachte sie nicht heim. Er sendete Schlauheit aus. Schlauheit kam mit leeren Händen. Er entbot Gewalt. Aber Gewalt fand sie nicht.

Eines Abends kam die Lieblingsfrau; er fühlte sie an seinen Füßen.

„Warum, ach, so spät?"

Sie flüsterte: „Oh, ich kam sofort. Ich zögerte keine Stunde, als dein letzter Bote erschien: der Klang des berauschten Gongs!"

Fugato von Musikern über Musiker

Der Opernfeind

Jean Baptiste Lully hatte nach dem Text von Perrin eine neue Oper geschrieben.

Am Tag der Aufführung begegnet er seinem Freund Saint-Eoremont und lädt ihn ins Palais Royal, wo die Premiere stattfindet. – Saint-Eoremont lehnt ab.

„Wie?" ruft Lully erstaunt, „Sie wollen nicht kommen? Sie haben doch immer behauptet, uns beide zu schätzen?!"

„Gewiß, jeden für sich. Sie als guten Musiker, Perrin als findigen Poeten. Aber da Sie zusammen eine Oper geschrieben haben, so haben beide sich die größte Mühe gegeben, sich gegenseitig zu behindern. Und nun soll ich etwas anhören, was kein Schauspiel ist und nur die Hälfte einer Musik?"

Der königliche Komponist

Ludwig XIV. hatte eine Gavotte komponiert und zeigte sie seinem Hofkomponisten Lully.

Lully zog sein italienisches Gesicht in die süßesten Falten und machte dem Sonnenkönig eine Verbeugung.

„Delikat, Majestät, delikat! – Majestät können alles! Majestät wollten offenbar ein miserables Stück komponieren – es ist Majestät außerordentlich gelungen."

Der Nekrolog

Karl Maria von Weber fühlte sich von einem Leipziger Kritiker namens Müller in bissiger Weise verfolgt. Er überlegte lange Zeit, wie er ihn loswerden konnte. Einmal wohnte er ein paar Tage in einem Dorf bei München und verfiel auf den Gedanken, sich für tot auszugeben.

Er schrieb Berichte über seine letzten Tage, Die hervorragendsten deutschen Zeitungen druckten sie ab und fügten Würdigungen hinzu. Am großartigsten Müller. Durch das frühe Hinscheiden entwaffnet, ließ er seiner Begeisterung Lauf und nannte Weber einen Fürsten unter den deutschen Komponisten, dem er immerdar ein ehrendes Andenken bewahren werde.

Einige Wochen später trifft Müller in Leipzig auf – Weber! Er traut seinen Augen nicht – Weber grüßt sehr freundlich: „Ja, ja, Herr Müller, ich lebe noch. Dafür sind Sie tot – und müssen mir ein ehrendes Andenken bewahren!"

Erste Opern

Aubers erste Opern „Le séjour militaire" und „Les billets doux" fielen im Théatre Feydeau durch. Adolphe Adam, der Komponist des „Postillon von Lonjumeau", borgte sich in späteren Jahren die Partituren aus. „Um Himmels willen, was wollen Sie damit anfangen?" fragte Auber, „es sind nur Stümpereien." – „Um so besser. Ich will sie meinen Schülern zeigen, wenn sie mutlos werden."

Steigendes Angebot

Berlioz wohnte der Aufführung von „Ali Baba", einer Oper Cherubinis, bei. Am Schluß des ersten Aktes sagte er gähnend: „Zwanzig Francs für einen Gedanken!"

In der Mitte des zweiten Aktes bot er vierzig, am Schluß achtzig Francs. Während des dritten Aktes stand er auf und ging: „Nein, ich muß es aufgeben! Ich bin nicht reich genug."

Abwechslung

Zur Vermählung der preußischen Prinzeß Luise mit dem Prinzen Friedrich von den Niederlanden, Mai 1825, schrieb Spontini die Zauberoper „Alcidor".

Die Aufmachung war betäubend. Im Einleitungschor allein, wo Alcidors Schwert geschmiedet wird, arbeiteten sechs Ambosse mit; im Zaubergarten dröhnten unzählige Glocken; Blech, Pauken und große Trommel tobten wie in keiner anderen Oper. Als nun der alte Zelter, Goethes Freund, aus dem Theater kam und dem großen Zapfenstreich begegnete, rief er erleichtert aus: „Gott sei Dank! Nu endlich mal was Sanftes!"

Der Eduard

Therese Devrient, in den Zeiten der ersten Bekanntschaft mit ihrem späteren Mann Eduard, beschloß bei Zelter singen zu lernen.

Sie trug als Prüfungsstück eine Lieblingsarie Eduards, eine kleine Kavatine aus „Fanchon", vor.

Ruhig hörte Zelter sie an. Dann gebot er: „Noch einmal!"

Therese, die wußte, daß er auf ausdrucksvolles Singen große Stücke hielt, legte ihr ganzes Gefühl in den Namen Eduard, welcher auf langgehaltenen Tönen zweimal in der Arie vorkam. Noch nie hatte sie gewagt, so frei und ungehindert „Eduard" zu singen,

„Sehr hübsch", meinte darauf der alte Zelter. „Ich wäre schon bereit. Ihr Lehrer zu werden. Aber noch lieber" – er dämpfte seine Simme galant! – „möcht' ich der Eduard sein!"

Die Kuppel

Des jungen Felix Mendelssohn Oper „Die Hochzeit des Camacho" hatte in Berlin einen mäßigen Erfolg gehabt. Tags darauf besuchte der Komponist den Gene-ralmusikdirektor Spontini in dessen Wohnung am Gendarmenmarkt. Mendelssohn steht am Fenster und fragt: „Und, was sagen Sie dazu, Maestro?"

Der Generalmusikdirektor wies nach dem französischen Dom gegenüber: „Mon ami, il vous faut des idées, grandes comme cette coupole!"

Das ideale Violinkonzert

Der Konzertmeister Ferdinand David (1810 bis 1873) war ein vorzüglicher Geiger, ein nicht unbegabter Komponist. Er schrieb manches Violinkonzert, dem er vergebens als Kunstwerk höhere Bedeutung zu geben suchte. Als er nun das Violinkonzert von Mendelssohn kurz nach seiner Entstehung spielte, klopfte Robert Schumann ihm freundschaftlich lächelnd auf die Schulter: „Siehst du, lieber David, das ist ja das Violinkonzert, das du immer komponieren wolltest! ..."

Ware und Preis

Der Komponist Joses Dessauer erhielt von seinem Verleger Schlesinger als Honorar für ein paar Jugendromanzen eine silberne Uhr,

Nach einiger Zeit kommt Dessauer vorwurfsvoll zu Schlesinger: „Hören Sie, Ihre Uhr geht ja gar nicht!"

Kühl antwortet Schlesinger: „Glauben Sie, Ihre Romanzen gehn?"

Der Kastrat

Der junge Berlioz hörte in einer römischen Kirche ein geistliches Konzert, das der französische Gesandte zum Namenstag des Königs mit den besten Sängern der Stadt veranstaltete. Am meisten belustigte ihn dabei ein dicker Sänger, der die Soli in der Sopran-lage sang und einen mächtigen Backenbart trug.

„Das ist doch ein Wunder", sagte er lachend zu einem Nachbarn, „ein Kastrat mit so einem Bart!"

Eine italienische Dame drehte sich entrüstet um: „Kastrat? – Das ist mein Mann, Sie Esel!"

Etwas klassisches

Nach der Aufführung von „Fausts Verdammnis" gab die Gesellschaft der Musikfreunde in Wien Hector Berlioz, der sein Werk persönlich geleitet hatte, ein Festbankett. Dabei wirkten mehrere Wiener Künstler mit, unter anderen auch der Pianist Leopold von Meyer, ein vorzüglicher Walzer- und Polkaspieler, dessen größter Stolz es war, sagen zu können, daß er nie eine Note von Beethoven gespielt habe. Dem berühmten Gast zuliebe machte er eine Ausnahme und trug „etwas Klassisches" vor, eine Phantasie über „Norma". Er legte sich ordentlich ins Zeug und als er fertig war, blickt er Herbeck an: „Nun?"

Herbeck legt ihm den Arm um die Schultern und antwortet: „Gengan S', Meyer, spielen S' do lieber a Polka – daß der Herr von Berlioz a bissel freundlicher dreinschaut!"

Die schlafenden Geigen

Kapellmeister Eckert mußte einer gastierenden Sängerin wegen eine Verständigungsprobe von Bellinis „Norma" halten, die lange nicht mehr gegeben war. An einer Stelle der Partitur sieht er – noch von Otto Nicolais Hand – die Bemerkung: „Geiger wecken!!"

Er achtet nicht weiter darauf. Plötzlich sind Orchester und Sängerin auseinander.

„Was ist denn los?"

Die Geiger sitzen verschlafen hinter den Pulten und haspeln den gleichen gebrochenen Dominantakkord fort.

Ein alter Primgeiger hebt den Kopf: „Herr Kapellmeister haben vergessen, uns beim fünfundsechzigsten Takt zu wecken, wenn die Tonika kommt!"

Die gewagte Modulation

Ignaz Brüll, Komponist des „Goldenen Kreuzes", war ein guter Mensch und wurde von seinen Ungehörigen verhätschelt und verwöhnt. Eine Reise nach Baden bei Wien hing zum Beispiel von der Genehmigung des Familienrates ab, der das Wetter und sonstige Umstände vorher erwog. Die Harmlosigkeit und Bescheidenheit seines Naturells spiegelte sich auch in seinen Werken, in denen er kühnen Harmonien, selteneren Modulationen aus dem Weg ging.

„Ja, der Brüll!" sagte einmal der alte Hellmesberger, „er hat sich tatsächlich längere Zeit mit dem Gedanken befaßt, durch eine Modulation von C-Dur nach Ges-Dur zu gehen; aber seine Angehörigen haben sich dagegen mit aller Entschiedenheit gesträubt und so hat er sich das wieder aus dem Kopf geschlagen!"

Brahms als Kritiker

Johannes Brahms und Bernhard Scholz waren Jugendfreunde und die Freundschaft dauerte an, als Brahms schon an Berühmtheit Scholz etwas übertraf. So oft er nach Frankfurt kam, versäumte er nie, Scholz zu besuchen. Einmal legte ihm Scholz ein soeben fertiggewordenes Trio vor und bat um ein Urteil. Brahms sah die Partitur durch und nickte ein paarmal; am Schluß nahm er das letzte Blatt zwischen Daumen und Zeigefinger, rieb es ein wenig und fragte: „Sag' einmal, Bernhard, wo hast du dieses vorzügliche Notenpapier her?"

Scholz hatte auch Schillers „Lied von der Glocke" vertont; bei der Erstaufführung war Brahms anwesend, und als sie dann beisammensaßen, fragte Scholz, wie ihm das Werk gefallen habe. Brahms besann sich eine Weile, dann sagte er: „Ein unver-wüstliches Gedicht!"

Das neue Klavierkonzert

Ein Komponierjüngling, Havelock, Künstlerlocken, Künstlerhut – alles, was Hans von Bülow nicht leiden konnte – wird ihm durch einen sehr guten Freund wärmstens empfohlen. Er prüfte das mitgebrachte Manuskript – ein Klavierkonzert – spielte es in Gegenwart seines Schülers Burmester und des Komponisten, sagte kein Wort und klappte das Heft endlich zu. Dann beschäftigte er sich wieder mit dem Schüler, als ob nichts gewesen wäre. Der Komponist versandte ratlose Blicke. Luft!...

Nach der Stunde stiegen sie die Treppe hinunter, Bülow, das Manuskript unter dem Arm, voran. Bei der Portierloge macht er halt, steckt den Kopf hinein und zieht das Manuskript hervor: „Herr Portier! Können Sie vielleicht ein neues Klavierkonzert brauchen?"

Der Gekrönte

In der geselligen Runde des Wagner-Vereins richtet ein junger Mensch an Anton Bruckner die Frage, wen er für größer halte: Beethoven, der Symphonien und eine Oper, oder Wagner, der nur Opern und eine Symphonie schrieb.

Ohne Bedenken erwidert Anton Bruckner: „Wann einer a Krone auf'm Kopf hat, braucht er si kan Zylinder aufsetzen!"

Musiker und Dichter

Anton Bruckner hat heute Besuch: einen „Dichter". Diese Art Mensch schien ihm immer musikalisch bedenklich. Er braucht Freiheit, Fläche, Bewegungsraum für seine Musik, die den Drang ins Endlose hat. Und nun sitzt der Textdichter da, voll Erwartung, seinen Chor in Bruckners Vertonung zu hören. Bruckner spielt. Die letzte Verszeile des Chors wiederholt sich: einmal – zweimal – dreimal – dann Schlußakkorde. „Nun?"

Der Dichter schweigt zuerst; dann lobt er: „Sehr schön – nur ..."

Bruckner: „Wos, nur?"

„Ich meine halt... Nun, die letzte Zeile wiederholt sich zu oft."

Maßloses Erstaunen. „Wiederholt sich? Zu oft? Wia?" Drohender Stimmklang: „Jo, Viechkerl, hättest mehr 'dicht'!"

Das schönste Lied

Hugo Wolf versuchte einmal die musikalischen Qualitäten seines guten Freundes Gustav Schur. Er schrieb zum Spaß zwei der damals erschienenen Blumenlieder von Mascagni ab, setzte auf die Noten seinen Namen und spielte sie Schur als sein neuestes Werk vor.

Schur, im Nebenamt Bankbeamter, und immer bedacht, Wolf auf populäre Bahnen zu lenken, war von den Blumenliedern entzückt' „Bravo, Hugo, bravo! Sirt, ich hab' dirs immer g'sagt: so mußt komponieren!"

Mahler und sein Kritiker

Ein junger Kritiker, der sich anfänglich zu Mahler bekannte und ihm ein Essaybuch widmete, um einen guten Schutzheiligen dafür zu haben, wurde bei der Uraufführung der Vierten Symphonie schwankend. Er war vielleicht von vornherein unsicher und ließ sich durch absprechende Genossen zu einer ablehnenden Kritik des verhältnismäßig leicht verständlichen Werkes verleiten. Dann reute es ihn und er suchte sich bei Mahler zu entschuldigen: es gäbe eben Stimmungen, wo man lieber nein als ja sagt.

Mahler, der einer infamen Höflichkeit fähig war, antwortete ganz ruhig: „Sie müssen Ihr Verhalten nicht so ausführlich motivieren – Sie haben eben das Werk nicht verstanden."

Als der Betroffene nun erwidert, er sei doch sonst „für" gewesen und habe die Zweite Symphonie gelobt, entgegnet Mahler mit ganz der gleichen vernichtenden Liebenswürdigkeit, gar nicht ironisch: „Sie sind durchaus im Irrtum. Ich war immer derselben Meinung. Sie haben mich damals, als Sie mich lobten, genau so wenig verstanden wie diesmal."

Musiciens D'aujourdhui

Jemand sprach seine Freude darüber aus, daß Claude Debussy in Romain Rollands Buch „Musiciens d'aujourdhui" einen so breiten Raum erhalten habe.

Debussy schwieg und runzelte die Stirn.

„Gefällt Ihnen vielleicht die Skizze nicht?"

„O ja, aber sie gehört nicht in dieses Buch!"

„Ich bin doch kein Musiker von heute; vielleicht einer von morgen oder übermorgen!"

Atonale Musik

Bei der Fehlerprobe eines neuen Werkes von Arnold Schönberg fragt ein Orchestermusiker den Dirigenten: „Soll hier im dritten Hörn nicht F sein? Es steht Fis, aber das Fis stimmt nicht!" – „Es wird schon recht sein", antwortet der Kapellmeister, in der Partitur blätternd. „Bei dieser Musik müssen Sie sich daran gewöhnen: wenn's stimmt, dann stimmt's nicht; und wenn's nicht stimmt, dann stimmt's!"

Der Wert des Autographs

Ein Kritiker, der zu den Bewunderern Arnold Schönbergs gehörte, besaß unter anderen auch eine Handschrift des Meisters.

Es ging ihm schlecht, er war gezwungen, seine Autographe zu verkaufen; nur die Schönbergsche Partiturseite behielt er.

Ein Liebhaber meldete sich und bot ihm vergeblich steigende Summen. „Was haben Sie denn von dem einen Blatt?"

„Es ist mir unentbehrlich! Jedesmal, wenn ich im Auftrag meines Chefs eine glänzende Kritik über Schönberg geschrieben habe, nehme ich das Blatt, knülle es zusammen, schleudere es in einen Winkel und stampfe darauf herum! Sie glauben nicht, wie das erleichtert!

Und sehen Sie, deshalb kann ich mich davon nicht trennen!"

Wohlwollen

Ein alter Budapester Klavierlehrer pflegte jedes Jahr sein Konzert vor „Muß"-Besuchern zu geben. Er verkaufte selbst die Karten, und als Moritz Rosenthal nach Pest kam, händigte er auch ihm eine ein. Dem „Kollegen" zuliebe geht Rosenthal ins Konzert. Neben ihm saß eine Dame. Nach einigen Nummern erhebt sie sich, wird blaß, es ist ihr übel geworden, sie will den Saal schleunigst verlassen.

„Nun, das ist übertrieben!" flüsterte Rosenthal ihr zu.

Dosenstück von der Freundschaft

Förderung

Die Vettern Andreas und Bernhard Romberg, junge Komponisten, besuchten auf ihrer Rückreise von Italien Haydn, für den sie schwärmerische Verehrung empfanden. Vater Haydn nahm sich ihrer liebevoll an, verschaffte ihnen Zutritt in einflußreiche Häuser und nannte den Andreas Romberg sogar seinen Sohn. In einem der ersten musikalischen Salons, wohin er die beiden gebracht hatte, legte er eines Tages eigenhändig die Stimmen zu einem Quartett auf. „Ah, Vater Haydn hat was Neues."

Das Quartett wird gespielt – am Schluß erheben sich alle, gehen zu Haydn und danken ihm aufs herzlichste. Er nimmt den Beifall mit freundlichem Kopfnicken und seinem gewöhnlichen schalkhaften Blick entgegen, „Hat's Ihnen wirklich gefallen?" fragte er endlich. – „Natürlich!" – „Ah, das ist mir sehr lieb! Denn das Quartett ist von dem jungen Mann da – komm her, mein Sohn Andreas, und bedank' dich!"

Der größte Meister

Beim Mittagessen in seiner Wohnung sagte Beethoven zu dem Londoner Harfenfabrikanten Johann Andreas Stumpff, der sein Gast war: „Wahre Musik findet nur sehr wenig Eingang in diesem Rossinischen und Konsorten-Zeitalter!" Darauf ergriff Stumpff die Bleifeder und schrieb mit sehr deutlichen Buchstaben:

„Wen halten Sie für den größten Komponisten, der je gelebt?"

„Händel", war Beethovens augenblickliche Antwort. „Vor Händel beuge ich meine Knie!" und berührte mit dem einen den Boden.

Rasche Entscheidung

Eines Tages tritt ein junger Mann mit zwei dicken Manuskripten bei Rossini ein. Der Musikdirektor seiner Heimatstadt, erzählte der junge Musiker, habe ihm die Aufführung einer seiner beiden Symphonien zugesagt; er habe sie mitgebracht, denn Rossini möge gütigst entscheiden, welche von ihnen aufgeführt werden solle.

Der Komponist setzt sich an den Flügel und spielt die eine; Rossini, neben ihm, hört andächtig zu. Nach den ersten sechzehn Takten erhebt sich der Maestro und klopft dem Tondichter väterlich auf die Schulter: „Die andere, junger Mann, die andere!"

Die Bekannten

Rossini war von dem Komponisten einer neuen Oper zur Premiere geladen worden. Er saß in der Loge, den Zylinder, nach italienischer Sitte, auf dem Kopf. Bei jeder neuen Arie zog er den Hut und schwang ihn elegant in die Luft. „Was tun Sie da?" fragt beunruhigt der Komponist. – „Man muß doch seine Bekannten grüßen."

Schwan und Maikäfer

Kurz vor seinem Tod, aus der Höhe seines Ruhms, besuchte Bellini, der den „Schwan von Pesaro", Rossini, innigst verehrte, eines Abends eine venezianische Familie. Im großen Saal stand ein Klavier und die Frau des Hauses, eine seiner wärmsten Verehrerinnen, bat Bellini, ihr und ihrer Familie etwas vorzuspielen.

„Mit Vergnügen", antwortete der Maestro, „das Schönste, das es gibt!" nimmt den Pianisten Antonio Fanna unter den Arm und spielt mit ihm vierhändig die Ouvertüre zu Rossinis „Wilhelm Tell".

Die Hausfrau dankte, wünschte aber, wie sie ursprünglich erwartete, etwas aus Bellinis eigenen Werken. „Nein, Signora", sagte Bellini und schloß den Flügel, „wenn der Schwan gesungen hat, müssen die Maikäfer schweigen!"

Bioeldieu und Rossini

Der Erfolg von Boieldieus „Weißer Dame" brachte die Anhänger Rossinis außer Rand und Band. Die Anhänger Boieldieus hingegen scharten sich um ihren Abgott und nahmen jeden Vergleich übel. Namentlich Boieldieus Schüler waren sehr antirossinisch. „Wie man Sie und ihn nur in einem Atem nennen kann!" sagte einer emphatisch zum Meister. „Sie sind wahrlich hoch über ihm! Sie wissen es gar nicht!" – „Oh, ich weiß es," entgegnete Boieldieu, „ich merk' es sogar alle Tage, wenn ich meine Treppe hinaufsteige. Wir wohnen im gleichen Haus: Rossini im dritten Stock, ich im vierten."

Der jüngere Bruder Boieldieus war Musikalienverleger und wollte in seinem Landhaus in Cormeille ein Zimmer für ihn einrichten. Als er nicht wußte, welche Tapete er nehmen solle, erbat sich Boieldieu zwei Exemplare der „Othello"-Partitur Rossinis aus dem Verlag. Er stellte sich auf die Leiter und klebte die Blätter eigenhändig, genau nach der Seitenzahl, auf die Wand und betrachtete befriedigt das rossinierte Zimmer. „Nun kann ich den großen Meister jeden Morgen schon im Bett studieren!"

Das Schlafmittel

Rossini und Meyerbeer standen äußerlich auf dem besten Fuß, konnten einander aber nicht ausstehen. Zu jeder Rossinischen Oper entsendete Meyerbeer, wie man sich in Paris erzählte, zwei elegant gekleidete Herren, die im ersten Rang die exponiertesten Plätze einnahmen und nach einer Viertelstunde einschlafen mußten. Erst am Schluß durften sie wieder aufwachen und die Abonnenten kannten die „Sommeilleurs de Meyerbeer" ganz genau.

Eines Tages erhielt nun Meyerbeer ein Billett, worin zwei Karten zu Rossinis Oper „Semiramis" lagen: „Da ich leider gehört habe, daß es Ihnen in den letzten Tagen nicht nach Wunsch gegangen ist, so bereiten Sie mir die Freude, die Karten zu benutzen. Die Loge ist von allen Seiten des Hauses sichtbar. Die Fauteuils sind bequem. Kurz vor Schluß der Vorstellung werde ich Sie wecken lassen. In wahrer Bewunderung

Ihr G. Rossini."

Meyerbeer kann nicht dreinschlagen

Der junge Meyerbeer wirkte bei den oft wiederholten Aufführungen von Beethovens „Schlacht bei Vittoria" neben Moscheles und J.

N. Hummel am Schlagzeug mit, und zwar war ihm die große Trommel zugeteilt. Er erwarb sich damit aber nicht des Meisters Anerkennung.

„Ich war gar nicht mit ihm zufrieden", äußerte Beethoven zu Tomaschek, „er schlug sie nicht recht und kam immer zu spät, so daß ich ihn tüchtig heruntermachen mußte. Ha! Ha! Das mochte ihn ärgern. Es ist nichts mit ihm; er hat keinen Mut, zur rechten Zeit dreinzuschlagen!"

Schweigende Kritik

Der junge Halevy hatte eine Oper komponiert und lud seinen Lehrer Cherubini zu einer Aufführung ein,

Nach dem ersten Akt fragt Halevy den Meister, wie es ihm gefallen habe. Cherubini schweigt.

Nach dem zweiten Akt fragt Halevy wieder. Cherubini gibt wieder keine Antwort.

„So geben Sie mir doch wenigstens eine Antwort", rief der verletzte Komponist.

„Worauf soll ich Ihnen denn antworten?" erwiderte in stoischer Ruhe der Meister. „Sie haben mir ja in den letzten zwei Stunden nichts gesagt!"

Unmögliche Menschen

Als junger Mensch besucht Eduard Hanslick Robert Schumann in Dresden. Das Gespräch kommt aus Richard Wagner und Hanslick fragt, ob Schumann mit ihm verkehre.

„Nein", erwidert Schumann, „für mich ist Wagner unmöglich; er ist gewiß ein geistreicher Mensch, aber er redet in einem fort. Man kann doch nicht immer reden."

Am nächsten Mittag besucht Hanslick Richard Wagner. Der junge Meister kommt unter andern auch auf Schumann zu sprechen: „Wir stehen äußerlich gut miteinander; aber mit Schumann kann man nicht verkehren, er redet gar nichts. Bald nach meiner Ankunft aus Paris besuchte ich ihn, erzählte ihm eine Menge interessanter Dinge über die Pariser Oper, die Konzerte, die Komponisten – Schumann sah mich immer unbeweglich an oder schaute in die Luft und sagte kein Wort. Da bin ich aufgesprungen und fortgelaufen. Ein unmöglicher Mensch!"

Der Tausch der Tomahawks

Im Februar 1843 war Berlioz in Leipzig und freundete sich mit Felix Mendelssohn an. Zum Abschied bot Berlioz ihm einen Tausch ihrer Taktstöcke an. Mendelssohn schickte den seinigen, ein nettes, leichtes, mit weißem Leder überzogenes Fischbeinstöckchen; Berlioz sandte ihm dafür einen unbearbeiteten, ungeheuren Lindenknüppel, der noch seine Rinde trug, einen halben Baum.

Zum Unglück legte er noch einen offenen Brief bei, worin die Worte vorkamen: „Le mien est grossier, le tien est simple." Der Freund, der es zu überbringen hatte, übersetzte: „Ich bin groß. Du bist simpel!" und geriet in die tödlichste Verlegenheit, wie er diese Beleidigung Mendelssohn beibringen oder verheimlichen sollte.

Der Berliozsche Brief aber betonte in grimmigem Humor die Waffenbrüderschaft der beiden und hatte diesen Wortlaut:

Grand chef! Nous nous sommes promis d'échanger nos Tomaweks! Voici le mien, il est grossier, le tien est simple. Les Squaws seules et les visages pales aiment les armes ornées. Sois mon frère, et quand le grand esprit nous aura envoyé chasser dans le pays des ames, que nos guerriers suspendent nos Tomaweks unis à la porte du conseil.

Leipzig, 2 Février 1843.

Hector Berlioz

Heuchler und Zuträger

Nach einem Kompositionskonzert, das Liszt dirigierte, teilten ihm übereifrige Anhänger unter Diskretion mit, so und so viele Gegner hätten heuchlerisch in seinem Orchester gespielt.

Liszt unterbrach die Herren: „Ich liebe Heuchler, die in meinem Orchester mitwirken; nicht aber Zuträger in meinem Haus."

Der Vierte

Halevy gab Franz Liszt ein Souper, an dem auch der junge Bizet teilnahm. Nach Tisch setzte sich Liszt ans Klavier. Es war ein abenteuerlich schweres, neues Stück. Eine darin vorkommende Skalenkadenz schien der Gipfel unerhörter Technik. Alles war von Liszts Kraft und Virtuosität hingerissen.

„Es gibt auch nur zwei Pianisten in Europa, die es in diesem Tempo spielen können", meinte Liszt, „Hans von Bülow und ich."

Da trat Bizet ans Klavier und gab jene halsbrecherische Kadenz frei aus dem Gedächtnis wieder.

„Wunderbar!" rief Liszt erstaunt. „Warten Sie, junger Freund, ich habe das Manuskript bei mir, da brauchen Sie Ihr Gedächtnis nicht!"

Darauf spielte Bizet das ganze Stück nach der Handschrift, ohne Fehler, im Lisztschen Tempo.

„Sie sind der dritte in Europa!" lachte Liszt bewundernd.

„Nein", sagte Halevy, den Triumph seines Lieblingsschülers auskostend, „der dritte, wenn er's vom Blatt spielt; und wenn er es studiert hat, auch der vierte!"

Unter Kollegen

Der Hofopernsänger Gustav Hölzel, im Nebenamt Liederkomponist, pflegte Bekannten, wo er sie traf, seine Lieder anzubieten. Er hatte immer einige Hefte bei sich wie die Ameise ihr Ei. Diese Eigenheit nützte der Hofopernkapellmeister Heinrich Proch, Lieder-, aber auch Opernkomponist, einmal ironisch aus. Er hatte eben eine neue Partitur vollendet und war augenblicklich mit gebotener Eile auf einem wichtigen Gang nach einem verschwiegenen Raum der Hofoper begriffen, als er den entgegenkommenden Hölzel kreuzte. „Geh, Hölzel", rief er den Sänger an, „leih mir g'schwind a Lied!" Aber Hölzel kam nicht in Verlegenheit, sondern fragte den papierbedürftigen Hofkapellmeister gelassen: „Ja, Proch, bist du – mit deiner Oper schon fertig?"

Die Ausquartierung

Wagner erzählt von seiner Pariser Zeit: „Während ich alles geduldig ertrug, brachte mich nur ein Klavierspieler, welcher unmittelbar neben meinem Zimmer wohnte und fast den ganzen Liszts Phantasie über „Lucia di Lammermoor" übte, zur wahren Verzweiflung. Um ihm auf meine Weise einen Begriff von den Qualen zu geben, die ich litt, räumte ich eines Tages mein furchtbar verstimmtes Piano aus dem Salon in das Schlafzimmer, stellte es unmittelbar an die nachbarliche Wand, forderte Brix auf, seine Pikkoloflöte herbeizuholen und mir darauf die Ouvertüre zur „Favorite", welche ich soeben für Klavier und Violine (oder Flöte) arrangiert hatte, zu begleiten. Die Wirkung hievon scheint meinen Nachbarn, einen jüngeren Klavierlehrer, wahrhaft erschreckt zu haben; mir sagte die Concierge anderen Tags, daß er soeben in eine andere Wohnung ziehe – was mich wiederum einigermaßen beschämte."

Eine zertrümmerte Freundschaft

An einem Abend in Wahnfried trug der Dichter des „Zarathustra" eigene Kompositionen vor. „Ich lasse es mir nicht nehmen", schreibt Hans Richter, „daß Nietzsches Abfall an dem Abend begann, als wir mit der Frau Meisterin zusammen die (ihr gewidmeten) „Silvesterglocken" spielten. Wagner saß unruhig dabei, knetete sein Barett und ging vor Schluß hinaus. An der Tür stand der ehrliche Jakob (Stocker, der Diener) und sagte: „Das scheint mir nicht gut zu sein." – Nach dem

Schluß ging ich ebenfalls hinaus; ich fürchtete ein Donnerwetter. Aber Jakobs Kritik hatte es abgeschwächt; ich fand den Meister bloß in vollem Lachen. Doch sagte er: „Da verkehrt man schon anderthalb Jahr' mit dem Menschen und nun kommt er so meuchlings, die Partitur im Gewande!"

Anders – allerdings ohne tiefere Gründe zu streifen – erzählte Wagner selbst den Abfall seines Nietzsche, wovon Wilhelm Kienzl in Wahnfried Ohrenzeuge war: „Nietzsche war wieder einmal nach Bayreuth gekommen, um mich zu besuchen. Er wohnte im „Goldenen Anker". Als ich in sein Hotelzimmer trat, erblickte ich ein verdächtiges rotes Heftchen: 's war so'n Triumph- oder Schicksalsliedchen von Brahms. Mit dem wollte er mir an den Leib rücken. Ich mochte aber davon nichts wissen. Gegen Abend kam der Professor nach Wahnfried und siehe: er hatte das gewisse rote Heftchen unter dem Arme. Er wollte es nun aufs Pult des Flügels legen und mir allen Ernstes was draus vorspielen. Er meinte, das müsse ich kennenlernen, um die richtige Meinung von diesem Musiker zu bekommen. Ich weigerte mich, er ließ nicht ab, in mich zu dringen. Endlich wurde ich heftig und – weiß Gott, wie's kam – Nietzsche flog zur Tür 'raus.

Ja, so bin ich! Und er kam nicht wieder! Und nun seht, liebe Kinder", setzte er sarkastisch hinzu, „da soll ich den Brahms lieben, durch den ich meinen Nietzsche eingebüßt habe?"

Pilgerfahrt zu Wagner

Vor dem Hotel Imperial, wo der Meister abgestiegen ist, wartet ein junger Mensch, der trotz des strengen Novemberfrostes nur einen dünnen Plaid trägt. Aber er spürt keine Kälte. Wenn der große Mann heraustritt, springt er an den Wagenschlag, öffnet ihn und läuft dem Gefährte voraus, trifft noch vor ihm bei der Oper ein, und öffnet abermals den Wagenschlag, um den Meister aussteigen zu lassen.

Am Abend wird „Tannhäuser" unter Wagners Anwesenheit gegeben, aber der junge Mensch auf der vierten Galerie klatscht so rasend Beifall und ruft so enthusiastisch: „Bravo, Wagner!", daß alles mehr auf ihn als auf den Meister blickt.

Er ist durch die Musik völlig außer sich gekommen und Anhänger des Gewaltigen, einer der verschrienen Wagnerianer geworden. Er hat selbst komponiert und muß um alles in der Welt den Meister sprechen. Nach vielen Versuchen und tagelangem Warten gelingt es endlich. Richard Wagner kommt an einem Sonntagmittag mit Cosima aus dem Philharmonischen

Konzert. Das Stubenmädchen meldet den jungen Enthusiasten, er wird eingelassen, im Empfangszimmer steht der Meister, den pelzverbrämten Samtmantel um die Schultern geschlagen. Ist freundlich, sieht die Noten an – es sind Lieder – und meint, es sei gut, wenn man sich die Klassiker zum Vorbild nähme, man kann nicht gleich Original sein. Er bitte auch, wenn er wieder nach Wien komme, ihm andere Sachen zu zeigen, jetzt habe er wenig Zeit; außerdem – er sieht die Manuskripte noch einmal an: „Das ist ja Klaviermusik und wissen Sie, von Klaviermusik verstehe ich nichts..." Auf welche selbstironisch-heitere Wendung der junge Mensch mit einer Verbeugung erwidert: „Oh, Meister sind zu bescheiden!"

Dieses Wort bekam im Freundeskreis des jungen Künstlers – es war Hugo Wolf – später Flügel; von der Stunde an aber besaß Wagner einen bis zur Besessenheit treuen Anhänger.

Zweiunddreißig Stimmen

Ein junger Grazer Kapellmeister besuchte Richard Strauß und legte ihm eine umfangreiche Partitur vor. Strauß blättert in dem Heft und sagt: „Wie? Zweiunddreißigstimmig? Mir scheint, Sie haben mich zum Muster genommen!"

Der Komponist lächelt.

„Ich bin aber kein gutes Beispiel, lieber Freund", setzt Strauß hinzu. „Den Papa Haydn müssen Sie studieren! Streichersatz, vier Stimmen, das ist viel schwerer als zweiunddreißig!"

Ab- und Zuschreiber

Zu Moritz Moszkowski kommt ein junger Komponist auf Besuch. Es ist schon längere Zeit nichts von ihm erschienen, und Moszkowski fragt im Lauf des Gespräches: „Nun, schreiben Sie wohl noch etwas?"

„O ja," antwortet der Musiker ausweichend, „ich schreibe schon etwas ab und zu!"

„So, auch – z u?" lächelt Moszkowski befriedigt.

Das erfolgreiche Konzert

Der gefürchtete Wiener Cellist Sulzer beklagte sich bei einem Kollegen, daß seine Konzerte immer leer seien. „Was läßt sich da machen?"

„Sehr einfach", lautete die Antwort. „Kündigen Sie ein Konzert in der Rotunde an, Eintritt frei. Wenn die Leute nach der ersten Solonummer hinauswollen, hängt an der Kasse ein Plakat: „Austritt zwanzig Gulden" – Sie werden ein Bombengeschäft machen!"

Dosenstück von Harmonien und Dissonanzen

Geniale Stelle

Ein italienischer Sänger kommt zu Francesco Durante. „Maestro, sehen Sie diese Dissonanzen an! Im Baß steht as, in der Oberstimme g. Solchen Unsinn schreiben heutigentags die Komponisten! Das soll man singen! Was sagen Sie dazu?"

Er wirft die Schlußarie von Glucks „Iphigenie" auf den Tisch.

Durante, damals erste Autorität in Sachen der Harmonielehre, sieht die Stelle an.

Dann gibt er zur Antwort: „Lieber Freund, ich weiß nicht, ob der Akkord theoretisch richtig ist; aber das weiß ich – hätte ich ihn geschrieben, so hielt' ich mich für einen großen Mann!"

Mozart und Haydn

Mozart rühmte sich, von Haydn die Kunst erlernt zu haben, wie man Quartette schreibt. Er duldete deshalb auch keine Herabsetzung des Meisters. Als einmal Kozeluch an einem Haydnschen Werk etwas auszustellen fand, fuhr Mozart auf: „Herr! Und wenn man uns beide zusammenschmilzt, es wird doch noch lange kein Haydn daraus!"

Ein Mozart-Verehrer

Mozarts Witwe kam mit der Handschrift des Requiems bald nach Mozarts Tod nach Leipzig und zeigte sie Johann Adam Hiller. Vater Hiller wagte nicht, die Handschrift anzurühren. Er faltete darüber die Hände. Seine Verehrung nahm die wunderlichsten Formen an. Er konnte keine Abschrift der Partitur von fremder Hand, nicht einmal die neue gedruckte Ausgabe sehen. Wie er als ganz junger Mensch eigenhändig Hasse und Graun, so schrieb er jetzt, als Greis, Mozart ab und setzte auf das Titelblatt mit zollhohen Buchstaben: Opus summum viri summi W. A. Mozart

Beethoven und Haydn

Der junge Beethoven kommt gerade von der Lektion bei Haydn, das Studienheft unter dem Arm. Auf der Straße hält ihn Schenk auf, blättert in dem Heft, bemerkt ein paar Kompositionsfehler, die Haydn stehen ließ. Das ist genug, um Beethovens Vertrauen zu Haydn von Grund auf zu zerstören. Als Haydn nach England fährt, benützt Beethoven den Anlaß und bleibt für immer aus. „Ich habe zwar Unterricht bei

Haydn genommen, aber nie etwas von ihm gelernt!"

Beethoven wußte trotzdem, wer Haydn war. Während seiner letzten Krankheit sendet ihm Diabelli eine Lithographie von Haydns Geburtshaus in Rohrau. Beethoven läßt sie einrahmen und Gerhard von Breunings Klavierlehrer kalligraphiert zuvorkommend darunter: „Jos. Haydens Geburtshaus." – Als Beethoven es bemerkte, ärgerte er sich wütend. „Wer hat denn das geschrieben? – Wie heißt der Esel? – Ein solcher Ignorant will Klavierlehrer, will Musiker sein und weiß nicht einmal den Namen eines Meisters wie Haydn richtig zu schreiben? – Schande!"

Die Inschrift mußte ausgebessert werden; noch ein paar Tage gewitterte es in Beethoven herum: „Oberflächlichkeit – Haydns Namen – nicht genau kennen!"

Ein Beethoven-Feind

Einmal bewog Berlioz seinen Lehrer Lesueur, eine Beethovensche Symphonie anzuhören.

Am nächsten Tag befragte Berlioz ihn um seinen Eindruck.

„Zum Teufel!" rief Lesueur, „ich war so verwirrt in meiner Loge, daß ich meinen Kopf nicht fand, als ich meinen Hut aufsetzen wollte!

– Aber egal, man soll solche Musik nicht machen!"

„Beruhigen Sie sich, verehrter Meister", erwiderte Berlioz, „man wird nicht viel solche machen!"

Spohr und die Neunte

Ludwig Spohr wurde als Kasseler Hofkapellmeister aufgefordert, Beethovens Neunte Symphonie aufzuführen. Er riet dem Komitee davon ab.

Als man neuerlich in ihn drang, sagte er: „Ich habe den letzten Werken Beethovens nie Geschmack abgewinnen können. Die drei ersten Sätze der vielbewunderten Neunten Symphonie kommen mir trotz einiger Genieblitze schlechter vor als sämtliche der acht früheren; und der letzte Satz ist so monströs und geschmacklos, die Auffassung Schillers so trivial, daß ich nicht begreife, wie ein Künstler von seinem Rang das niederschreiben konnte!"

„Sie haben ihn doch in Wien besucht?" wendete ein Musiker ein.

„Ja, und schon in Wien habe ich bemerkt, daß es ihm an Schönheitssinn und ästhetischer Bildung mangelt!"

Le Barbier Stracochonne

Rossini war gegen willkürliche „Verzierungen" seiner Arien, wie es die Sänger seiner Zeit liebten, etwas empfindlich. Einmal sang ihm die Patti die Arie der Rosina aus dem „Barbier" vor, und zwar mit Fiorituren, die ihr Impresario Strakosch dazu gemacht hatte. Sie sang die Sache meisterhaft, und als sie fertig war, applaudierte Rossini lebhaft. „Köstlich, köstlich, eine sehr hübsche Arie. Sagen Sie mir nur, liebe Patti, woher ist sie?" – „Aber, Maestro", erwiderte die Patti, „Sie machen Spaße; es war ja die Arie aus dem „Barbier" – „Aber nicht aus meinem „Barbier" lächelte Rossini ingrimmig, „wahrscheinlich aus dem „Barbier stracochonné"!

Das vergessene Lied

Schubert brachte seinem väterlichen Freunde Johann Michael Vogl mehrere Lieder zur Durchsicht. Nach vierzehn Tagen sang ihm Vogl eines davon vor, das er für seine Stimme transponiert hatte.

Schubert hörte andächtig zu. Dann sagte er: „Schauts, das Lied is net uneben. Von wem is denn das?"

Bachs Wiederentdeckung

Auf einen Oktoberabend 1828 lud Felix Mendelssohn eine kleine Gesellschaft zu sich. Er hatte im Notenschrank der Berliner Singakademie ein Wunderwerk entdeckt, das hundert Jahre dort vergessen lag. Seine Schwestern mußten die Stimmen ausschreiben.

Nun setzte er sich bleich und erregt an den Flügel. Die Singenden umstanden ihn. Es ging miserabel. Die Noten waren fast unleserlich, die neue Musik zu schwierig – aber trotzdem erschütterte sie alle: Bachs Matthäuspassion.

Im März darauf, bei den Proben mit vollem Chor, legte Mendelssohn auf einmal leise den Taktstock weg, nahm Eduard Devrient, seinen Freund, an der Hand, ging mit ihm ans Ende des Saales, stand mit ihm dort tränenfeuchten Auges und lauschte mit dem Lächeln der Verklärung: Nach – eine neue Welt...

Ein Gluck-Verehrer

In der Pariser Großen Oper wird „Iphigenie" gegeben. Der Dirigent glaubte das alte Werk etwas auffrischen und einige Stellen wirksamer machen zu müssen.

Plötzlich erhebt sich hinter ihm ein junger Mann mit turbulentem Haarbusch und ruft mit lauter Stimme: „Mein Herr! In der Partitur stehen hier nur Streicher! Wer hat Ihnen erlaubt, Tschinellen dazu zumachen?!"

Entsetzt erkennt der Dirigent den jungen Berlioz. Er dirigiert weiter. Aber die Kritik in seinem Rücken erhebt sich nach einigen Takten wieder: "Hier haben Sie die Posaunen gestrichen! Das ist ja nicht aus-zuhalten!" Und so glossierte er die Nachinstrumentierung Glucks zum Vergnügen des Publikums weiter.

Schließlich schreitet die Polizei ein.

"Was ist ein größeres Verbrechen", ruft der Gluck-Kenner, "einen Meister zu verunstalten oder das öffentlich zu brandmarken?"

Der wachsende Respekt

Der fünfzigjährige Charles Gounod sprach mit einem jungen Musiker und meinte abschließend: "Je tiefer Sie in unsere Kunst eindringen, desto mehr Respekt werden Sie vor den Meistern der Vergangenheit bekommen. Als ich so alt war wie Sie, hieß es bei mir: "Ich!" Mit fünfundzwanzig Jahren sagte ich: "Ich und Mozart!" Mit vierzig Jahren: "Mozart und ich!" Und heute sag ich' ganz still: "Mozart!""

Ich und er

Wenn ein Künstler vor allem den Glauben an sich selbst haben muß, dann war Öffenbach einer der ersten. Er wähnte, daß er zu den Großen der Musikgeschichte gehöre, und wenn ihn jemand fragte, ob er in Bonn geboren sei, pflegte er zu antworten: „C'est Beethoven, qui est né à Bonn! Moi, je suis de Cologne!

Der zerstreute Lehrer

Hermann Götz schien als Klavierlehrer selten bei der Sache zu sein. Einmal ging er während der Stunde im Zimmer auf und ab und betrachtete, die Hände auf dem Rücken, eifrigst ein Bild.

Die Schülerin spielte, etwas geärgert, fort.

Mitten in einer Etüde von Moscheles wendete Götz den Kopf und unterbrach tadelnd: „Aber Fräulein! Warum haben Sie an dieser Stelle den vierten Finger genommen und nicht den dritten, wie vorgeschrieben?"

Wir Musiker

Die Pianistin und Komponistin Luise Adolpha Le Beau wollte als junges Mädchen Stunden bei Frau Klara Schumann nehmen. Sie fuhr nach Baden, um vorzuspielen, beging aber in ihrer Unkenntnis der Verhältnisse die Unklugheit, Bachs D-Moll-Gavotte mit den Vortragsbezeichnungen Hans von Bülows zu spielen. Damit forderte sie unbewußt die Gereiztheit Klaras heraus. „Schade, daß bei solchen Fingern die Anleitung falsch gewesen ist", sagte Klara.

„Ein Pianist wie Bülow kann sich ja mancherlei erlauben – wir Musiker machen das anders!"

Selbsteinschätzung

Ein Kritiker fragte Paderewski, wen er für den größten lebenden Pianisten halte.

„So genau weiß ich das nicht...", antwortet der Künstler nach einer Weile. „Aber der zweite ist Godowski!"

Am Grunde des Sees

Anton Bruckner, ein leidenschaftlicher Schwimmer und Taucher, badete mit ein paar Freunden in einem oberösterreichischen See. Um diese Zeit hatte Brahms mit einer Symphonie viel Erfolg und Einnahmen gehabt. Bruckner fand nicht einmal einen Verleger für seine Siebente; aber einerlei: das Bad ist herrlich und Meister Antonius macht in der Fülle seiner Weiblichkeit einen Kopfsprung, schäumende Wasserquirle bezeichnen die Stelle, wo er verschwand. Seine Freunde plätschern wohlgemut weiter – auf einmal kommt ihnen vor, Bruckner bleibe ungewöhnlich lange unsichtbar. Sie schwimmen zu der Stelle zurück, werden unruhig, da sie ihn noch nicht sehen; seine Lungen halten zwar etwas aus, aber immerhin, es kann ihm etwas geschehen sein. Da taucht sein mächtiger Schädel, wasserüberronnen auf, und neptunhaft zeigt sich, schnaubend und prustend, der Vermißte.

„Ja, was ist denn?"

Lange gibt Bruckner keine Antwort; endlich entringen sich ihm die denkwürdigen Worte: „Jo, jo, der Brahms!"

Quod Licet Jovi

Schulstunde bei Anton Bruckner. An der Tafel steht ein junger Mann und malt, jenseits von Sechters Verboten, einige verwegene Akkordgebilde hin.

„Was machst denn da?" unterbricht stirnrunzelnd der Meister. „Dös san ja Quinten!"

Der Schüler sucht seine Stimmführung zu verteidigen.

„A was! Quinten san's! Dös darf nur ih – und der Herr von Beethoven!"

Musik und Grundsatz

Hugo Wolf war ein grundsätzlicher Bekämpfer der Brahmsschen Symphonik.

Gegen Ende seines Lebens wurde er einmal von einem Freund, Baron Sch., zu einem Philharmonischen Konzert im Großen Musikvereinssaal geladen.

Im Programm stand eine Brahmssche Symphonie.

Reglos hörte Wolf sie an. Dann schlug er mit der Faust auf die Logenbrüstung: „Teufel, und es g'fallt mir doch!"

Der kastalische Quell

Josef B. Förster besuchte einmal Gustav Mahler, der damals Kapellmeister der Hamburger Oper war. Auf dem Klavierpult lag eine Partitur von J. S. Bachs Kantaten. Mahler sprach begeistert über diese Meisterwerke und bedauerte, daß sie so selten aufgeführt werden. Dann sagte er zu Förster: „Hier reinige ich mich. In dieser Kastalischen Quelle wasche ich den Kulissenschmutz ab!"

Der lebendige Mozart

In einer Gesellschaft von Münchener Komponisten, die eifrig dem Wein zusprachen, erhob sich einer von der Runde und brachte allerhand Gesundheiten aus. Endlich schwang auch ein bekannter Komponist sein Glas: „Mozart soll leben!" – „Aber bitte!" ruft ein anderer dazwischen, „den brauchen wir nicht leben zu lassen! Der lebt länger als wir!"

Die letzte Welle

Brahms hat heute seinen schlechten Tag. Er sieht schwarz in die Zukunft. Auf dem ganzen Spaziergang murrte er. Wenn man die Modernen ansieht – gewiß: es ist das Ende der Musik! Es kommt nichts mehr nach. „Wir sind die Letzten." – Gustav Mahler läßt Brahms orgeln und lehnt sich an die Brüstung der Traunbrücke. Starrt in den Fluß. Spricht nichts. Plötzlich hebt er die Hand: „Dort, Herr Doktor! Dort!" Und zeigt auf einen Punkt im Wasser. Brahms sieht hin und findet nichts. „Was meinen Sie denn?" – „Schauen Sie nur, Herr Doktor: hier kommt eben die letzte Welle!"

Scherzo vom Musikerwitz

Neue Ohren

Bei der Aufführung der Gluckschen „Alceste" erlaubte sich Marmontel die Bemerkung, daß der Vers „Par son accent m'arrache et déchire le cœur" zwar sehr erhaben komponiert sei, ihm jedoch die Ohren zerreiße. Sein Nachbar, der Abbé Arnaud, der von der Stelle entzückt war, flüsterte ihm zu: „Welches Glück, lieber Marmontel, wenn der Vers dazu dient, Ihnen andere Ohren zu verschaffen!"

Soldatenohren

Napoleon konnte zu Cherubinis Musik kein Verhältnis finden.

„Sie mögen ja ganz tüchtig sein, lieber Cherubini; aber Ihre Begleitungen sind zu stark!"

„Sie sind ein tüchtiger Soldat, lieber General", versetzte darauf Cherubini, „aber Ihre Ohren sind leider zu schwach und wenn ich ihnen meine Musik nicht anpassen kann, müssen Sie das sich zuschreiben!"

Der verspätete Einsatz

Cherubini war der Mann peinlichster Genauigkeit und Pünktlichkeit. Der Minister Marquis de Lauriston ernannte ihn 1822 zum Direktor der Pariser königlichen Musikschule und sagte sich zur feierlichen Einsetzung persönlich an. Es wurde elf Uhr, Cherubini zog die Uhr und schüttelte den Kopf.

Einige Minuten darauf betrat der Minister, den eine Audienz aufgehalten hatte, den Saal. ."Sie kommen sehr spät, mein Herr!" bemerkte tadelnd Cherubini.

Der Minister verbeugte sich lächelnd: „Ich bin sehr erfreut, daß der Herr Direktor so großen Wert auf den Einsatz einer so geringen Stimme legt!"

Der Totgesagte

Im Jahr 1806 verbreiteten Pariser Zeitungen die Nachricht: Joseph Haydn sei gestorben. Cherubini komponierte aus diesem Anlaß rasch eine Kantate, außerdem wurde der „Verewigte" durch ein Traueramt gefeiert, wobei Mozarts Requiem aufgeführt wurde. Als Haydn in Wien davon hörte, lachte er gemütlich: „Schade! Wenn ich von der Totenfeier nur was g'wußt hätt' – ich war' nach Paris ge-fahren und hätt' mir mein Requiem selbst dirigiert!"

Musikalische Rache

Der junge Weber übernahm die Vertonung einer Festkantate, die im Rathaus eines kleinen Städtchens aufgeführt werden sollte. An die Aufführung schloß sich ein Bankett der Stadtväter, wobei nach altem Brauch ein Ochse verzehrt wurde. Das Gedicht spielte darauf in seiner letzten Strophe an:

„Und wenn wir alles gut vollbracht

Und für das Wohl der Stadt gewacht, Dann essen wir Ochsenbraten!"

Der Festtag kommt, Weber dirigiert den Gesangverein und der erste Teil der Kantate erhielt großen Beifall. Es folgte die Fuge. Der erste Tenor beginnt mit dem Thema: „Dann essen wir Ochsen...", der zweite folgt: „wir Ochsen...", die Bässe erheben die Stimme und an das Ohr der Stadtväter schlägt unaufhörlich: „wir Ochsen..., wir Ochsen...", bis nach einer langen Pause die Fortsetzung folgte: „... braten!"

Weber war nicht zur Tafel eingeladen worden und das war seine Rache gewesen.

Das Wichtigste bei der Pauke

Der alte Pfundt, genauer: der alte Ernst Gotthold Pfundt, Mendelssohns berühmter Paukist, war ein origineller Kauz. Zu ihm kam einmal ein Engländer, der eine Leidenschaft für das Paukenschlagen hatte und sich bei Pfundt ausbilden wollte. Zur ersten Stunde erschien der Lernbegierige mit dem Glockenschlag und griff mit Begierde nach den Paukenschlegeln, nach einem dröhnenden Wirbel lechzend. Aber Pfundt erklärte: „Halt, Herr Smith! Sehen Sie, das Wichtigste für einen ordentlichen Paukisten ist – daß er Takt halten und die Pausen zählen kann. Das müssen Sie lernen. Deshalb habe ich Ihnen hier die Pastoralsymohonie von Beethoven aufgelegt. Fangen Sie mal an!" Die Pauke hat in den beiden ersten Sätzen des Pastorales nichts zu tun und so mußte der arme Engländer die sämtlichen Pausen vom ersten Satz zählen und jedesmal von vorne wieder anfangen, wenn er sich verzählt hatte. Dann kam der langsame Satz; mit dem ging's ebenso. Nun der dritte, in dem die Pauke zwar anfangs auch nichts zu tun hat, worin dem pauklustigen Engländer aber beim Eintritt des Gewittersturmes der erste Wirbel verheißungsvoll entgegenleuchtete.

Als der Engländer glücklich bis hieher gezählt hatte, zog Pfundt die Uhr aus der Tasche und sagte: „So, lieber Herr Smith, jetzt ist die Stunde um; das nächste Mal wollen wir hier fortfahren!"

Der Kampf mit dem Drachen

Der schöne schneeweiße gestärkte Kragen, der die Soutane kontrastierend abschloß, sollte Liszt einmal beinahe zum Verhängnis werden. Er spielte in einem Hofkonzert vor dem Zaren Nikolaus und dessen Familie. Aber mitten im Stück greift er nach dem Hals und versucht den herausstrebenden Kragen hinabzudrücken, dann fährt er mit dem Zeigefinger rundherum, hilft mit der anderen Hand nach, und kann unterdessen bloß mit der Linken oder der Rechten spielen. Der Zar sieht höchst amüsiert zu. Liszt quält sich weiter, endlich gibt er's auf und führt das Stück mit herausstehendem weißem Kragen zu Ende. Danach geht der Zar auf ihn zu, schüttelt ihm die Hände und gratuliert ihm: „Verzeihen Sie, lieber Liszt, wenn ich lachte; aber ich mußte unwillkürlich an Schiller denken!" – „Wie, an Schiller, Majestät?" – „Nun, Sie kennen doch den Kampf mit dem Drachen! Und der fiel mir ein, als ich Sie im Kampf mit dem Kragen sah! Außerdem hat Schiller die Geschichte bereits vorgeahnt, denn es heißt dort: „Und Liszt muß mit der Stärke streiten! ..."

Die wagnersche Instrumentierung

Der Herzog von Sachsen-Koburg, der auch komponierte, wünschte von Wagner einige Winke in der Instrumentierung zu erhalten und wandte sich an Liszt mit der Bitte, es zu vermitteln.

Liszt strich nachdenklich sein Kinn: „Das ist schwer, Hoheit, denn wenn Wagner an das Instrumentieren geht, ist ihm vorher immer etwas eingefallen!"

Oper und Roman

Karl Gutzkow, Verfasser vielbändiger Romane, sprach mit Liszt über Wagners „Nibelungen" und äußerte Bedenken gegen eine Oper, die vier Abende dauere.

„Warum?" entgegnete Liszt, „unterdessen schreiben Sie einen Roman in neun Bänden!"

Res severa

Einmal fuhr Liszt am Leipziger Gewandhaus, der exklusiven Stätte der Konservativen, vorüber. Sein Begleiter machte ihn auf die Giebel-Inschrift auf-merksam: Res severa magnum gaudium.

„Das stimmt", sagte Liszt. „Man müßte es nur richtig übersetzen: L'ennui, c'est le vrai plaisir!"

Der Faust-Pelz

Gounods „Faust" war einige Monate alt, seine Beliebtheit nahm täglich zu, der Verlag konnte nicht genug Klavierauszüge und Potpourris herstellen; nur die Finanzlage des Komponisten besserte sich nicht.

Eines Nachmittags lud der Chef des Verlags Gounod zu einer Schlittenpartie. Gounod erschien in seinem alten Winterrock. In einem funkelnagelneuen, eleganten Pelz erwartete ihn der Verleger vor seinem Hause.

Mit Daumen und Zeigefinger griff Gounod das kostbare Stück an: „Gratuliere! – Der ,Faust'-Pelz, nicht wahr?"

Das Begräbnis

Bülow mußte einmal, auf höheren Befehl, gegen seinen Willen die schwache Oper eines neuen Komponisten dirigieren. Der Abend kam, Bülow betrat das Orchester – zum Erstaunen des Personals mit einem Trauerflor am Arm, schwarzen Chemisetteknöpfen und schwarzer Binde.

„Haben Sie denn Trauer, Herr Doktor?" fragt ein Orchestermitglied den Meister. – „In gewisser Beziehung: ja! Ich bin gekommen, eine Oper zu begraben!"

Der Adjutant

Hans von Bülow probierte eines Tages mit den Meiningern die Harold-Symphonie von Berlioz, als der Herzog Georg, gefolgt von seinem Adjutanten, Herrn von Kotze, das Theater betrat. Bülow klopfte sofort ab und fragte nach des Herzogs Befehl. Der Fürst wollte nur zuhören und erkundigte sich, was gespielt werde. „Eine Symphonie von Berlioz", erwiderte Bülow, bedauerte aber zugleich, daß er – erst im Beginn des Studiums – das Werk nicht vorführen könne. Der Herzog: „Das macht nichts, ich höre zu." Bülow: „Ich bedaure lebhaft, Hoheit, die Aufführung ist zu miserabel, ich kann sie Eurer Hoheit nicht präsentieren." Herzog: „Aber, Bülow, seien Sie nicht komisch; egal, wie's geht, ich höre gern zu!" – „Hoheit, ich bedaure zum dritten mal. So weit, wie wir jetzt in der Symphonie sind", meint Bülow mit einer dritten steifen Verbeugung vor dem Herzog und seinem Adjutanten, „reicht's höchstens – für Herrn von Kotze!"

Das Gold

Für ihre sechsmonatige amerikanische Tournee von 1882 bis 1883 bedang sich Adelina Patti, abgesehen von allen erdenklichen Reisevorteilen, als abendliches Honorar 5000 Dollar. Der Impresario fiel zuerst fast um. Dann wandte er bescheiden ein, daß die geforderte Summe 50.000 Dollar im Monat ausmache, eben so viel wie der Präsident der Vereinigten Staaten als Jahreseinkommen beziehe.

„Bitte", sagte Adelina, „wenn der Präsident billiger ist: lassen Sie den Präsidenten singen!"

Der Hornist

Im Scherzo der Eroika passierte es dem ausgezeichneten Wiener Hornisten Richard Levy, an einer gefährlichen Stelle mit dem Ton umzuschlagen. In der eisten Reihe saß der ihm befreundete Lustspieldichter Eduard Mauthner und lachte darüber. In der Pause kam alles im Künstlerzimmer zusammen. Levy trat an Mauthner heran: „Nein, hören Sie, das war nicht schön von Ihnen, daß Sie bei meinem Kickser gelacht haben!" Und als Mauthner sich nun lächelnd entschuldigen will, unterbricht ihn Levy: „Nein, nein, lieber Mauthner, es war wirklich nicht schön und außerdem war es undankbar von Ihnen. Schaun Sie: ich war bei allen Ihren Lustspielen im Burgtheater und ich habe nicht ein einziges gelacht!"

Vom alten Hellmesberger

Josef Hellmesberger, eine der populärsten Figuren des alten Musik-Wien, berühmt als klassischer Quartettspieler und Causeur, besaß ein besonderes Gehör für die Enharmonie der Sprache; ein Spezialohr für den Gleichklang von Worten. Worauf eben die meisten der unsterblichen Hellmesberger-Späße beruhen. Als er hörte, der Hofkapellmeister Aßmayer habe eine Sommerwohnung in Gießhübel bezogen, schrieb er dem alten Herrn eine Postkarte: „Herrn Hofkapellmeister Gismayer in Ashübel", und wartete auf das enharmonische Gehör der Post.

Als jemand bei einer Probe in der Hofkapelle andauernd eis statt e intonierte, flüsterte Hellmesberger:

„Dona eis pacem!"

Nur einmal mußte er sich mangelndes Gehör nachsagen lassen. Dies ging vom alten Schlosser aus, Inspektor und sozusagen dienstführendem Feldwebel des Konservatoriums. Schlosser hatte unter anderem die Obliegenheit, die bei den Zöglingskonzerten mitwirkenden Schüler von den Proben zu verständigen. Er ging von Tür zu Tür und donnerte hinein: „Margen nochmittog im graßen Soole Praabe?" Als gebürtiger Schlesier sprach er gern A für O und O für A. Dem Ohr des alten Hellmesberger war dies ein Dorn im Aug'; er ertrug den Mißklang eine Zeitlang schweigend; aber einmal, als Schlosser wieder herein donnerte, wurde es ihm zu viel: „Sie, Schlosser, wie wär's, wenn Sie von heut an sagten: „Morgen nachmittag im großen Saale Probe?"

„Sog' ich ahnehin, Herr Direkta! Margen im grasten Soole Praabe!"

„Saale Probe!!"

„Sog' ich jo, bitte. Sie hoben nur kein Geheer!"

Worauf Hellmesberger erwiderte: „Da haben Sie recht. Wenn Sie mit mir reden, weiß ich nicht, hab' ich einen Magenkrompf oder einen Mogenkrampf!"

Wie man Lieder schreibt

Ein jüngerer Komponist brachte Hugo Wolf einen Stoß von Liedern zur Beurteilung. Er sprach mit priesterlichen Gebärden und beteuerte am Schluß: „Wissen Sie, ich habe meine Lieder mit meinem Herzblut geschrieben!"

Wolf, dem Emphase zuwider war, antwortete darauf: „Ich hab' die meinigen mit der Tinten g'schrieben!"

Die gewendete Polka

Der Hofschneider der Königin von Rumänien bestellte beim alten Lehár eine Huldigungskomposltion für den königlichen Geburtstag. Lehár, vielbeschäftigter Militärkapellmeister, fand keine Zeit und betraute damit seinen sechzehnjährigen Sohn Franz. „Wenn du es hübsch machst, schenkt dir der Schneider dafür einen neuen Anzug!"

Franz Lehár, der jüngere, liefert am nächsten Tag eine Serenade ab und nach einigen Tagen schickt der Schneider den versprochenen Anzug. Der junge Komponist probiert ihn, er sitzt ausgezeichnet – nur fällt dem Vater unangenehm auf, daß der Anzug aus zweierlei Stoffen besteht: einem lichteren und einem dünkleren.

„Das macht nichts!" erwiderte Jung-Lehár, „meine Serenade besteht auch aus zwei Stoffen: einem alten Marsch und einer gewendeten Polka!"

Metakritik

Von Max Reger wird erzählt, er habe an mißgünstige Kritiker gelegentlich Postkarten mit folgendem Inhalt gesendet: „Ich sitze soeben im verschwiegensten Raum meines

Hauses und habe Ihre Kritik vor mir; gleich werde ich sie hinter mir haben!"

Einer seiner Hauptwidersacher war Rudolf Louis, ehemals Referent der „Münchener Neuesten Nachrichten". Ihm brachten einmal Regers Anhänger eine Katzenmusik. Louis besaß Humor genug, in seinem Blatt zu erklären, er habe diesen Vorgang für eine Vorprobe zu dem nächsten Regerschen Werk gehalten und quittiere dankend.

Der Künstler

Zur Zeit Karls IV. zog ein Mönch durch die Dörfer, der so wunderbar sang, daß die Herzen der Mädchen und Bursche von seltsamer Seligkeit schwollen. Sie verließen die Stuben und gingen ihm nach. Als sie in seine Nähe kamen, sahen sie: der Barfüßer war von schrecklicher Krankheit zerfressen, der Atem seines Mundes hauchte Gift... Entsetzt flohen sie zurück. Er zog weiter, einsam von Dorf zu Dorf. Niemand gab ihm die Hand; niemand wußte seinen Namen. Nur seine Lieder blieben zurück und alle Liebenden sangen die Melodien des Verstoßenen...

Aus der Limburger Chronik